"FX" DE TSUKI 100-MAN'EN MOUKERU WATASHI NO HOUHOU
by TORII Mayumi

Copyright ⓒ 2007 TORII Mayumi
All rights reserved.
Originally published in Japan by DIAMOND, INC., Tokyo.
Korean translation rights arranged with DIAMOND, INC., Japan
through THE SAKAI AGENCY and PLS Agency.

이 책의 한국어판 저작권은 PLS 에이전시를 통한 저작권자와의 독점 계약으로 황매에 있습니다.
신 저작권법에 의해 한국 내에서 보호를 받는 저작물이므로 무단전재와 복제를 금합니다.

왕초보도 이기는 외환투자를 할 수 있다

누구나 **FX**로
월 1000만원 벌 수 있는
투자비법

토리이 마유미 지음 | 이은숙 옮김 | 이재호 감수

황매 BOOKS

초보자도 이기는 투자를 해야 한다

우리나라에서 개인에게 외환거래가 허용된 것은 2005년부터이다.
 첫 해 30억 달러의 거래로 시작해 2007년에는 650억 달러(한화65조 원)에 이를 정도로 시장은 폭발적으로 성장하고 있다. 그러나 아직은 선물회사 4곳을 중심으로 fx거래가 이루어지고 있고 거래량이나 거래액수 거래하는 사람 수 등을 볼 때 초기단계라 할 수 있을 것이다.
 초기단계에서는 제대로 된 입문서가 절실하게 필요하다고 할 수 있다. fx거래가 시작된 지 얼마 되지 않아 fx거래가 무엇인지 궁금할 것이다.
 그러나 새로운 것에 대한 호기심을 채워주는 것만으로 충분한 입문서라고 할 수 있을까?
 과학이나 역사에 대한 입문서가 아닌 투자서로서의 입문서는 기본적인 정보는 당연한 것이고 실제 투자를 할 때 성공적인 투자를 할 수 있는 안내서가 되어야 진정한 입문서라고 할 수 있을 것이다.
 성공적인 투자를 위해서는 여러 가지 방법이 있을 것이다. 그 중 하나가 성공한 경험으로부터 배우는 것이라고 할 수 있다.
 그런 면에서 볼 때 아직 우리나라에서는 성공한 투자의 경험은 알려진 게 없는 게 사실이다. 그러기에는 축적된 경험이 많지 않기 때문일 것이다.

 일본은 우리보다 7년이 앞선 지난 98년에 개인에게 fx마진거래가 허용되어 현재 개인 투자가들에게 큰 인기를 얻고 있다. 2005년에는 엔/달러 선물이 상장폐지되고 fx마진거래가 이 자리를 차지할 정도가 됐다. (거래대금 약200조엔 (1600조원)

이 과정에서 개인투자가들의 경험이 많이 축적되었고 성공한 투자가들도 많이 나왔다.

그 중 와타나베 부인 신드롬이란 신조어를 만드는 데 한 몫을 한 여성 투자가가 있다.

이 책은 투자에 대해 전혀 알지 못했던 평범한 주부가 월 수익률 100%를 지속적으로 내는 성공한 투자가가 되기까지의 경험을 토대로 쓴 입문서이다.

저자가 투자 경험이 전혀 없는 초보자였기에 초보자의 입장을 아주 잘 이해하고 있어 무엇이 도움이 될지 어떻게 하면 성공하는 투자가가 될 수 있을지에 대해 구체적이고 알기 쉽게 설명하고 있다.

이 책은 단지 초보자에게 정보를 제공하는 입문서가 아니다.

처음 시작하는 사람들이 성공하는 투자가가 되는 데 필요한 충분한 정보와 성공할 수 있는 비법 그리고 용기를 주는 진정한 입문서라 할 수 있다.

* 이 책을 적어도 두 번은 읽고 반드시 그대로 행동해보기 바란다. 성공하는 사람들은 아는 것을 행하는 사람이다.
* 금융감독원이 fx거래를 명목으로 투자금을 불법적으로 모집하는 유사수신 업체에 대한 주의를 촉구한 바 있다. 현재 선물거래법에 따라 선물업 허가를 받은 선물회사만 거래, 중개, 대리 등을 할 수 있다. (선물업 허가 여부는 전화(3786-8159) 또는 금감원 홈페이지를 통해 사전에 확인하고 거래바람)

추천사

일본은 우리나라보다 약 7년 앞선 1998년에 FX마진거래가 법률로 시행이 합법화 되었습니다. 안정지향적인 일본사람들에게 고위험 고수익의 FX마진거래가 어울릴 것 같지는 않지만 10여 년의 장기불황에 마땅한 투자처도 없고, 제로에 가까운 은행이자로 많은 일본인이 FX마진거래에 관심을 가지게 되었습니다. 더구나 엔화가 FX마진거래의 주요 8개의 통화 중 하나라서 친숙했기 때문에 더욱 인기가 있게 되었습니다.

일본에서는 외환거래로 재테크를 하는 평범한 주부를 와타나베 부인(우리나라의 강남아줌마처럼)이라고 하는데 와타나베 부인과 같은 개인의 외환거래량이 전체 일본의 외환거래의 30%정도나 차지한다는 보고서가 있습니다.

저는 조만간 우리나라도 FX마진거래가 주식, 펀드, 부동산에서 쓴맛을 본 개미투자가가 밀물처럼 FX마진 거래에 참여해서 일본 이상으로 시장이 커지리라 확신합니다.

우리나라가 주요 거래통화는 아니지만 한국인 특유의 승부욕, 모험심, IT능력, 인터넷 커뮤니티 문화 등으로 재테크 분야의 핵으로 등장할 것입니다.

다만 FX마진거래의 위험성을 충분히 알고서 풍부한 데모거래와 끊임없는 연구로 성공하는 FX딜러가 많이 배출이 되길 바랍니다.

토리이 여사는 영어와 경제지식이 빈약한 상태에서 생업의 일환으로 출발하여 각고의 노력으로 월 100%의 수익을 안정적으로 내는 주부로 일본에서 상당히 유명합니다.

월 100%의 수익률은 FX딜러에겐 꿈의 수익률입니다.

혹자는 수익률을 부풀렸거나 거짓말이라고 하지만 FX계에 몸담고 있는 제가 볼 때 약 150만 명 이상이 참여하고 있는 일본의 FX마진시장에서 확률적으로도 충분히 가능한 성공 신화라고 생각합니다.

이 책은 토리이 여사가 2년 안팎으로 경험한 FX이야기와 자신의 성공 노하우를 공개한 책이라 FX마진거래에 대한 흥미, 자신감, 핵심 거래법을 얻는 데 부족함이 없겠습니다.

하지만 토리이 여사의 성공 뒤에 마진콜의 뼈아픈 실수, 피땀어린 노력과 연구가 있었다는 것을 반드시 마음속에 각인하시고 자만하지 말고 자신만의 성공 노하우를 갈고닦는 데 소홀하지 않기를 기원합니다.

독자여러분 중에서도 토리이 여사를 뛰어넘는 제2, 제3의 토리이 여사가 나오길 바랍니다.

김진백 (한국외환협회 상임이사, '외환투자 따라잡기' 대표저자)

차례

누구나 FX로 월 1000만 원 벌 수 있는 투자 비법

초보자도 이기는 투자를 해야 한다   4
추천사   6

들어가며 | 나의 FX 입문기   15

    나의 하루 일과   17
    왜 FX를 시작했는가?   20
    무엇을 위해 FX를 하는가?   26

1장 | FX는 결코 두렵지 않다   31

    FX란 무엇인가?   33
    외국환시장은 어디에 있나?   36
    FX의 매력은?   39
    어떻게 리스크를 컨트롤하는가?   46
    FX는 여성에게 맞는 재테크다?   50

2장 | 시작이 반, FX 첫걸음 떼기   53

    거래 계좌 개설하기   55
    '거래'는 이렇게 한다   57
    FX의 네 가지 거래 방법   61

적어도 10일은 모의투자Demo Trade로 도전해보자　65
- 모의투자1일차 매수Long & 매도Short 주문 연습
- 모의투자2일차 지정가로 진입하는 연습
- 모의투자3일차 지정가로 청산하는 연습
- 모의투자4일차 캔들 차트의 기간을 바꿔가면서 추세를 판단하는 연습
- 모의투자5일차 주말이 걸릴 경우의 연습
- 모의투자6일차 캔들 차트에 이동평균선을 더하여 추세 반전을 읽는 연습
- 모의투자7일차 주문량을 늘려보는 연습
- 모의투자8일차 승리를 의식하며 거래하는 연습
- 모의투자9일차 승리를 의식하며 거래하는 연습
- 모의투자10일차 승리를 의식하며 거래하는 연습

3장 | 1000만 원으로 월 1000만 원을 버는 5가지 필승 전략　97

하루의 목표를 정한다　99
- 전략0 통화와 레버리지 선택에 대하여
- 전략1 거래 방법에 따라 별도 계좌를
- 전략2 주력인 데이트레이드는 기술적 분석에 집중
- 전략3 손절매의 철저함이 실패하지 않는 요령
- 전략4 스왑 계좌는 어디까지나 마음의 버팀목
- 전략5 투자노트로 자신을 점검한다

4장 | 손해 보는 사람, 실패하는 사람들의 공통점　141

실패에는 반드시 원인이 있다　143
- 손절매를 할 수 없다　143

- 지난번에 잘 했으니 이번에도 괜찮다고 믿는다　145
- 포지션병에 걸려 있다　146
- 승률과 분석에 집착한다　147
- 남의 생각에 지나치게 의존한다　148
- 자기 나름의 원칙이 없다　149
- 감정을 이기지 못한다　149
- 간단히 성공하는 특별한 방법이 있다고 생각한다　151
- 상황이 나빠지면 '물린 상태'나 '매입 단가의 평균화'로 치닫는다　152
- 꾸준히 이기다가 크게 실패한다　153

5장 | 지속적인 성공을 위한 열쇠　155

성공하는 것과 '지속적으로' 성공하는 것은 다르다　157
FX회사야말로 거래의 상대　157
계좌에 맞추어 회사를 선택한다　161
동료와의 교류　163
여성 커뮤니티도 주관　167

6장 | 가장 중요한 것은 자기에게 맞는 투자 방법을 찾는 일!　169

라이프스타일에 맞춘다
- 케이스1 집안의 위기를 FX로 구하고 1개월에 200만 엔(2000만 원)을 버는 이노우에 미치코(가명)
- 케이스2 FX는 지적 오락. 조촐하게 투자를 즐기는 프리랜서 주부 카와에이 야요이(가명)

- 케이스3 월급과는 별도로 또 하나의 지갑을 갖는 감각 있는 독신 OL 후지모토 리에 씨(가명)

7장 | FX로 행복해지기 위한 마유미식 10가지 법칙   197

- 법칙1 여유자금을 이용한다
- 법칙2 처음에는 작게, 그리고 점점 크게
- 법칙3 자신이 잘하는 패턴을 찾는다
- 법칙4 할 때, 안 할 때를 분명히 구분한다
- 법칙5 반드시 거래 기록을 남긴다
- 법칙6 '~라면' '~할 수 있다면' 식의 승부사가 되지 말자
- 법칙7 겸허한 자세를 잊지 않는다
- 법칙8 남에게 의존하지 않고 자신의 머리로 생각한다
- 법칙9 FX 동료를 만든다
- 법칙10 '행복의 상승 곡선'을 목표한다

저자 후기   206

FX를 시작하기 전에 꼭 알아두어야 할 것

투자는 모두 자기 책임으로 한다.
FX는 기본적으로 여유자금으로 한다.
90% 이상의 개인투자가는 한번은 실패한다는 것을 알고 한다.

들어가며
나의 FX 입문기

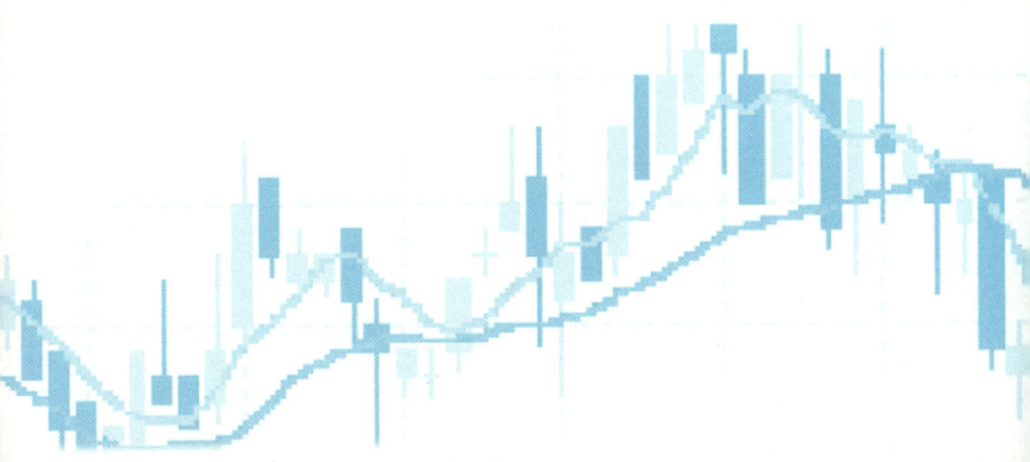

나의 하루 일과

나의 이름은 마유미. 아이를 키우는 보통의 전업주부지만 몇 년 전부터 FX에 몰두하고 있다.

FX■는 Foreign Exchange의 약자로, 증거금이라고 불리는 돈을 FX회사(외환증거금거래업자는 법률상 '금융선물거래업자'의 일종이다. 자세한 것은 157쪽 이후 참조)에 맡기고, 그 회사를 통해 자국의 통화와 외국의 통화, 혹은 외국 통화들(달러나 유로, 엔 등)끼리 팔기도 하고 사기도 하는 것이다.

이렇게 말만 들어서는 '웬지 어렵겠다'라는 생각이 들지도 모르겠다. 나도 처음 FX라는 단어를 들었을 때 '무슨 안약인가?' 하고 생각했었다. 그랬던 내가 지금은 FX로 매월 보통 100만 엔^{1000만 원} 정도의 돈을 지속적으로 벌게 되었다. 그것도 컴퓨터로 작업하는 시간은 하루에 두세 시간 정도에 불과하다. 어떻게 하루 두세 시간 일해서 그렇게 큰돈을 벌 수 있는지 의아하게 생각할 수도 있을 것이다. 그렇다면 나의 하루 일과를 소개해보도록 하겠다.

나는 아침에 보통 6시 정도에 일어나서 컴퓨터를 켜고 잠자는 사이에 시세가 얼마나 움직였는지 확인한다. 이때 내 나름대로 결정해놓았던 '매도' 또는 '매수' 타이밍이 되면 주문을 낸다.

6시 30분부터 아침식사 준비를 하고 아이를 깨워 학교에 보낸다. 그리

■ '외환'이라는 뜻이다. 하지만 여기서 말하는 FX라 하면 Foreign Exchange Margin Trading의 줄인 말이다. Margin이 증거금을 뜻하므로 FX마진거래, FX증거금거래 등으로 쓰인다.

고 오전 중에 빨래나 청소 같은 집안일을 한다. 낮 시간에는 FX시세가 별로 움직이지 않기 때문에 거래는 거의 하지 않는다. 쇼핑을 하러 나가거나 컴퓨터 앞에 앉아 있더라도 이메일 확인이나 블로그에 글을 올리는 것이 전부다.

저녁에 런던시장이 열리면 조금씩 움직임이 활발해지기 때문에 컴퓨터를 시작한다. 이때는 저녁식사 준비를 비롯하여 집안일을 먼저 끝내고서 시간이 남으면 들여다본다는 가벼운 기분으로 한다. 식사와 목욕을 끝내고 9시가 지나면 아이들을 침실로 데려가서 동화책을 한두 권 읽어준다. 아이들이 잠들면 드디어 본격적으로 일을 시작할 차례다.

10시가 지날 즈음부터 컴퓨터 앞에 차분히 앉아 본격적으로 거래를 시작한다. 딱 그때가 뉴욕시장이 열리는 시간이다. 그때부터 두세 시간 동안 뉴욕과 런던시장이 함께 열려 있고, 하루 중 시세의 변동이 가장 활발해진다. 이때도 양쪽 시장을 계속 지켜보는 것은 아니다. 틈틈이 웹서핑을 하고 뉴스를 확인하기도 하면서 타이밍을 가늠하여 주문과 청산을 한다.

시세 변동이 클 때는 조금 늦게까지 거래를 하지만, 보통 12시경이면 그날의 거래를 끝내고 잠자리에 든다.

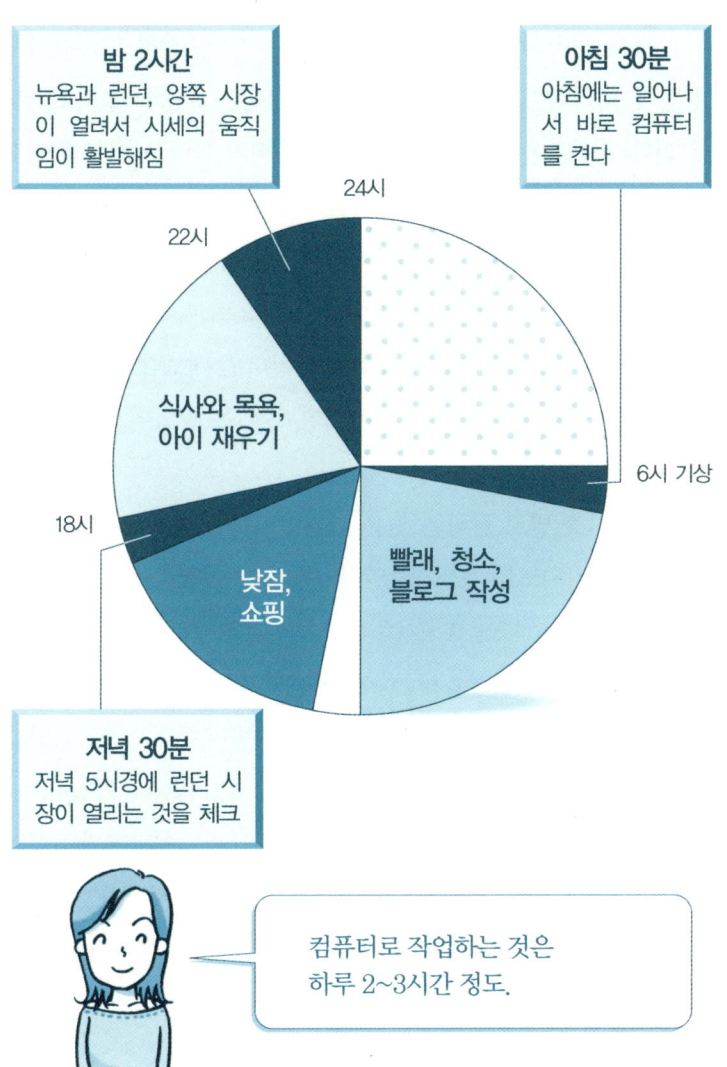

왜 FX를 시작했는가?

나는 FX를 시작하기 전까지는 '투자'라는 것을 전혀 이해하지 못했다. 돈을 불리려면 당연히 은행에 가서 저축하는 수밖에 없다고 생각했다. 그러다가 이혼을 하게 되었고, 당시 경제적 불안을 심하게 느꼈다. 그 때문에 반드시 내 자신의 수입원을 가져야겠다는 생각이 강하게 들었다. 그리고 재혼을 하고 나서도 그 생각은 변하지 않았다.

그러나 나는 아이를 키우고 있었다. 시급으로 따지자면 베이비시터 쪽이 더 높았기 때문에 내가 밖에서 일을 한다면 배보다 배꼽이 더 크게 될 판이었다. 그래서 뭔가 집에서 돈을 벌 수 있는 방법이 없을까 궁리하기 시작했다.

나는 컴퓨터를 별로 잘하는 편은 아니었지만 인터넷으로 '집에서 돈 버는 법' 같은 키워드를 검색해보았다. 처음에 '어필리에이트(affiliate:인터넷 제휴 마케팅. 기업의 상품을 자신의 사이트나 홈페이지에 삽입하여 그 상품이 팔렸을 때 대금의 일부를 받는 것을 말한다)가 돈벌이가 되는 것 같군' 하는 생각이 들었다. 그래서 일단 어필리에이트로 돈을 벌어보자고 마음먹었다.

아무래도 수업료가 비싼 학원이 처음부터 끝까지 내용도 확실하게 가르쳐주고, 또 학구열이 높은 사람들도 많이 모여 있을 것이라고 생각했다.

그러나 희망에 들뜬 것도 잠시였다. 정작 공부를 시작하자 어필리에이트로 돈을 버는 것이 얼마나 어려운 일인지를 금방 깨닫게 되었다. 학원 강사는 확실히 어필리에이트로 상당한 돈을 벌고 있었고 우리에게 많은 것을 가르쳐주었다. 하지만 이 일은 지나치게 작업량이 많았고 웬만큼 부지런히 하지 않으면 꾸준히 할 수 없는 일이었다. 또한 나에게 적합한 일인지도 고민스러웠다.

그 일을 하는 동안 나는 전혀 즐겁지 않았다. 나에게 맞지 않는 일이라는 사실을 깨닫는 데는 그리 오랜 시간이 걸리지 않았다. 수강생 중에는 성공한 사람도 있었지만 나처럼 좌절한 사람도 적지 않았다.

돈을 벌겠다고 생각하고 비싼 수업료와 시간을 투자했지만 도전할 기회조차 찾지 못한 채 무엇을 해야 할지 갈피를 잡지 못하는 날들이 이어졌다. 그때 악전고투하고 있는 나를 본 남편이 FX에 대한 말을 꺼냈다.

주식투자와 선물거래에서 20년 이상의 투자경험을 가지고 있던 남편은 '주식은 어렵겠지만 FX라면 당신도 가능하지 않을까?' 하고 아무렇지도 않게 툭 말을 던졌다.

어필리에이트로 인해 좌절감을 느끼고 있던 나는 대체할 만한 일을 찾고 있었기에 곧바로 '해보고 싶어! 해보자!' 하는 마음이 들었다. 그리고 2006년 2월 곧바로 모 회사에서 FX 계좌를 개설했던 것이다.

주문을 하는 방법과 청산하는 방법 등 기본적인 것은 남편이 가르쳐주었지만 처음에는 차트를 보는 방법조차 몰랐고 손절매가 중요하다는 사실도 알지 못했다. 어쨌든 나는 시세가 떨어지면 사고 더 떨어지면 또 사고하는 식으로, 이른바 매입단가의 평균화(가격이 자신의 포지션과 반대 방향으로 움직일 때, 투자자는 흔히 가격이 되돌아올 것이라는 막연한 희망으로 손실을 평균화시키려는 경향이 있다. 가령 가격이 하락하여 손실이 증가할 경우 낮아진 가격

대에서 추가로 더 매수를 해서 전체 평균 매수가격을 낮추려 드는 것이다. 이런 식의 거래는 시장의 추세에 역행하는 위험한 대처이며 실패하였을 경우 감당해야 하는 부담도 커서 좋은 거래 방법이라고 할 수 없다. '물타기'라고도 한다.)를 추구했고, 그러다가 운 좋게 플러스가 되면 청산을 하는 실로 단순무식한 방식을 쓰고 있었다.

그래도 '초보자의 행운'이었을까. 시세는 마침 상승기조였기 때문에 매수를 해서 스왑 금리차(영국 파운드화 같이 금리가 높은 통화를 사고 일본 엔화 같이 금리가 낮은 통화를 팔아서 금리 차이에서 생기는 조정분을 받는 것을 말한다. 자세한 것은 64쪽 참조)를 받으며 가지고 있었더니 이익이 났던 것이다.

600만 엔6,000만원을 종자돈으로 거래를 시작했는데, 불과 2개월 만에 900만 엔9,000만 원을 벌어들였던 것이다. 나중에 알게 되었지만, 실제로는 30만 엔■(한국은 최소 200만 원)부터 시작하는 것이 가능하다.

나는 들뜬 기분에 '뭐야, 이거 너무 간단하잖아!'라고 생각했다. 그런데 4월말부터 5월에 걸쳐서 달러가 큰 폭으로 하락했고, 뉴질랜드 달러도 덩달아 폭락했다(엔고!).

뉴질랜드 달러는 금리가 괜찮았기 때문에 스왑 금리차를 노리면서 꽤 많이 사둔 터였다. 그 뉴질랜드 달러의 가치가 떨어지면서 잠재손실이 점점 늘어갔지만 나는 '머지않아 또 오르겠지, 스왑 금리차도 매일 들어오겠지'라고 생각하며 손절매는 꿈도 꾸지 않고 어물어물 끌고가고 있었다. 그 당시에는 손절매의 중요성은 전혀 깨닫지 못하고 있었다.

■ 우리나라 외환 선물회사의 경우 미화 2000달러.

지금까지 나의 FX 실적

06년 2월	저금과 남편에게 빌린 것 등 **600만 엔**6000만 원으로 시작
3월	떨어지면 사고, 이익이 나면 결제하는 단순한 방법으로 **780만 엔**7800만 원이 됨
4월	월말에는 **973만 엔**9730만 원까지 늘림
5~7월	1,070만 엔1억 700만 원까지 늘렸지만 급격한 엔고로 달러와 뉴질랜드달러 폭락. 한꺼번에 잠재손실이 늘어 몇 개월 걸려서 약 **500만 엔**5000만 원을 손절매. 지금까지의 방식이 문제가 있다는 것을 느낌 **대폭락**
8월	새로운 방법을 배우고 내 나름대로 마스터하기 위한 시행착오
9월	새로운 계좌를 개설. 심기일전, 200만 엔2000만 원부터 다시 시작. 200만 엔이 월말에는 **470만 엔**4700만 원으로 (플러스 분은 월말에 출금)
10월	200만 엔이 월말에는 **400만 엔**4000만 원으로 (플러스 분은 월말에 출금)
11월	200만 엔이 월말에는 **360만 엔**3600만 원으로 (플러스 분은 월말에 출금)
12월	200만 엔이 월말에는 **260만 엔**2600만 원으로 (플러스 분은 월말에 출금)
07년 1월	새롭게 100만 엔1000만 원부터의 시작으로 전환. 이후 **월 100만 엔**1000만 원 **플러스를 목표로 트레이드를 계속**

점차 나만의 원칙이 만들어졌다.

결국 강제청산당하기 직전까지 가서야 겨우 손절매를 해야 했다. 하지만 일부만 손절매했을 뿐 대량으로 갖고 있던 포지션을 전부 손절매할 용기는 없었기에 커다란 액수의 잠재손실을 지닌 채 속이 쓰린 나날을 보내야 했다. 컴퓨터에서 계좌를 열 때마다 마이너스 포지션(잠재손실이 있는 거래)만 눈에 들어왔다.

'일단 분명하게 리셋하지 않으면 다음 단계로 진행할 수 없다.'

결국 나는 그렇게 생각했고 조금씩 포지션을 청산하면서 손실을 확정해 나갔다. 거래를 모두 완료했을 때는 그때까지 벌었던 수익보다 더 많은 액수의 손실이 난 상태였다. 그렇지만 이것이 나에게는 좋은 약이 되었다.

이 경험은 나의 거래 스타일을 크게 변화시키는 계기가 되었다. 지금까지 해왔던 안이한 방식으로는 절대 돈을 벌 수 없다는 것을 깨닫고 본격적으로 공부를 시작할 마음이 생긴 것도 큰 변화였다.

'FX는 이제 그만두자'는 생각 따위는 전혀 들지 않았다. 전업주부로서 아이들을 키우면서 집에서도 돈을 벌 수 있다는 성취를 경험하기 전에는 그렇게 간단하게 그만둘 수 없었다.

'차근차근 공부하면 괜찮아질 거야' 하는 묘한 자신감도 있었다. 만약 시작하자마자 큰 손해를 봤다면, 바로 그만두었을지도 모른다. 실패를 경험한 타이밍으로 봐서는 그래도 운이 있었던 것이다.

그 즉시 FX에 관한 책과 차트에 관한 책을 여러 권 구입했다. 몇 권씩 사서 다 읽으면 곧바로 다른 책을 사서 보는 식으로 스무 권 정도를 읽었다. 재테크에 관한 책들도 사서 읽었다.

보잘것없는 인맥에 의지해서 FX계에서 유명한 투자의 고수들을 만나러 다니기도 했다. 어쨌든 나는 뭔가 해내고 싶어서 필사적이었다.

그러는 가운데 차츰차츰 내 나름대로의 원칙이 정해지기 시작했다. 가장 중요한 것은 '손절매'를 철저히 하게 되었다는 점이다.

매수와 매도 주문을 넣을 때 반드시 '여기까지 손실이 나면 청산한다'는 기준선을 함께 설정(가주문)하는 것이다. 시세가 기대와 반대로 움직일 때는 손실이 나겠지만 이 기준선에서 자동적으로 멈추게 되는 것이다.

물론 이런 방식이 곧바로 익숙해지지는 않았다. 시작하면서부터 손실을 확정하는 것에 대한 심리적인 저항이 따랐고, 좀처럼 그 기준선을 철저하게 지키는 것이 쉽지 않았다. 그러자 역시 손실이 커지는 경향이 있었다.

누구든지 주문을 할 때는 자기에게 유리한 쪽으로 시세가 움직일 것이라는 낙관적인 시나리오를 갖게 된다. 시세가 그 반대로 움직인다고 해도 '뭐, 결국에는 돌아오겠지', '스왑 금리차도 들어오니까' 하고 생각하는 경향이 있다.

'결국엔 돌아오겠지' 라는 이 안이한 생각이야말로 아주 위험하다. 손절매가 중요하다고 생각은 하면서도 손절매하지 못하는 상태에서 망설이지 않고 손절매를 강행하기까지 거의 3개월 정도가 걸렸다.

이렇게 해서 나만의 원칙이 형성되었고, 그러자 묘하게도 소득이 꾸준히 상승하기 시작했다 (손절매에 대해서는 126쪽에서 상세하게 이야기하도록 하겠다.).

무엇을 위해 FX를 하는가?

무엇을 위해 FX를 시작하는지는 사람에 따라 각자 그 이유가 다를 것이다. FX를 하는 이유는 무엇을 바라느냐에 따라 달라진다. 특히 여성의 경우에는 나도 그렇지만 대부분 억만장자가 되고 싶은 욕망에 시작하는 것은 아닐 것이다. 예를 들어 주부라면, 쌀을 살 때도 싸구려 쌀이 아니라 고시히카리(일본의 고가브랜드 쌀)나 사사니시키(주식용 일반 쌀) 같이 '질이 좋은' 쌀을 사고 싶어 할 것이다. 커피도 슈퍼마켓의 싸구려 인스턴트커피가 아니라 커피전문점에서 파는 원두커피를 마시고 싶어 할 것이다. 생활수준을 단지 약간만 높이고 싶어 하는 것이다. 물론 자기 용돈을 조금이라도 더 확보하고 싶은 사람도 많을 것이다.

집에서 가사와 육아를 병행하면서 월 50~100만 원 정도 여유자금을 확보할 수 있다면 기분도 좋고 생활도 바뀌게 될 것이다. 여성의 경우에는 그것으로 만족하는 사람들이 많은 것이다.

내가 아는 사람 중에는 남편의 직장에 문제가 생겨서 스스로 가족의 생활비도 벌고 빚도 조금씩이나마 갚으려고 FX를 시작한 경우가 있다. 아이도 둘이나 있는데, 정말로 가족의 생계를 짊어지고 FX에 도전한 것이다.

종자돈은 자녀의 교육보험을 해약해서 1,000만 엔^{1억 원}을 마련했다. 지금은 월 200만 엔^{2,000만 원}에서 500만 엔^{5,000만 원} 정도를 벌고 있다.

그 밖에도 "딸에게 바이올린과 발레를 가르치고 싶은데, 한 달 수업료가 너무 비싸서 보통의 샐러리맨 가정에서는 만만치 않다."면서 안타까워하던 주부도 있었다. 내가 "한 달 수업료 정도면 FX로 벌 수 있을 텐데요."라고 말했더니 매우 흥미를 가지고 적극적으로 공부를 시작해서 FX를 하게 되었다. 한때 강제청산을 당한 적도 있지만 포기하지 않았고, 지금은 FX 수익으로 딸아이뿐 아니라 자신도 바이올린을 배우러 다니며 충실하게 살아가고 있다. 밤에 아기에게 수유를 하면서 거래를 통해 상당한 이익을 내고 있는데, "FX 덕분에 수유하는 시간이 즐거워졌어요!"라고 말한 적도 있다.

또 이런 경우도 있었다. 파친코를 엄청나게 좋아하는 남편을 둔 주부였는데, 제발 남편이 파친코를 그만뒀으면 하고 바랐다. 하지만 아무리 말해도 남편은 듣지 않았다. 그런데도 용케 부부관계를 유지하고 있었.

그러다가 부인이 FX를 시작했고 매일 1만 엔^{10만 원} 정도를 지속적으로 벌어들이게 되었다. 부인이 남편에게 "오늘도 1만 엔 벌었어요." 하고 말하자, 남편은 "이제 파친코를 하는 건 완전 바보짓인 것처럼 보여."라고 대답했다. 결국 남편은 파친코에서 손을 뗐고 부부 사이도 원만해졌다고 한다.

물론 이렇게 성공적인 이야기만 있는 것은 아니다. 자기 저축액과 남편의 저축액을 합해 600만 엔^{6,000만 원}을 잃었다는 주부도 있다. 남편에게는 비밀로 하고서 저지른 일이라 어떻게 해서든 손실액을 빨리 되찾으려고 무척 애를 태웠다. 그래서 1회 주문금액을 늘려서 더욱 더 손실을 늘리는 악순환에 빠져 있었다.

FX, 모두들 이런 마음으로 시작하고 있다

자신의 용돈을
조금 더
갖고 싶다

좀 더 맛좋은
커피를
마시고 싶다

딸의 바이올린과
발레 수강료를
벌고 싶다

아이를 키우면서
월 5~10만 엔의
여유자금을 확보
하고 싶다

아이를 키워나갈 경제력이 자기에게
있다는 자신감을 가질 수 있었다.

예전에 한번 그녀의 사정을 내 블로그에 소개한 적이 있었다. 그랬더니 많은 분들로부터 격려와 응원, 조언의 댓글이 엄청나게 많이 올라왔다. 많은 분들의 응원에 기운을 얻어 하나하나 정중하게 답변을 달던 그녀의 모습은 인상적이었다.

남편에게 비밀로 하고 있는 아내나 아내에게 비밀로 하고 있는 남편은 예상 외로 많은 것 같다. 그런 경우, 성공한다면 다행이지만 실패하기 시작하면 정신적으로 상당한 압박감에 시달리게 된다. 30만 엔^{300만 원} 정도로 시작한다면 모르겠지만, 부부가 함께 모은 돈을 종자돈으로 사용할 생각이라면 절대 서로에게 숨기지 말아야 할 것이다.

내 경우는 처음에 말했던 것처럼 경제적으로 자립을 하고 싶다는 생각이 FX를 시작한 계기가 되었다. 지금은 매달 100만 엔^{1000만 원}을 목표로 거래를 하고 있고, 때에 따라 약간의 차이는 있지만 매달 플러스 수지로 거래를 마감하고 있다. 그 결과 어떤 상황이 되어도 아이를 키울 만한 경제력이 내 안에 있다는 자신감을 갖게 되었다. 또 평소에 구매하는 물건에 대한 선택의 폭도 많이 넓어졌다. 실제로 물건을 사고 안 사고와는 별개로 '돈이 없으니까 참아야 한다'는 의식은 없어졌다. 게다가 예전에는 유명 브랜드로 치장하지 않으면 불안한 마음이 들었지만, 이제는 그런 불안감이 전부 사라졌다.

틀림없이 FX가 인생을 바꿔준 느낌이다.

차후에 FX로 자금을 충분히 축적하면 부동산이나 다른 투자처로 포트폴리오를 확장해서 안정된 수입을 확보할 생각이다. 그리고 노후나 연금 문제 같은 것에는 신경 쓰지 않고서 자신 있게 빛나는 인생을 보내고 싶다. 이것이 지금 나의 목표이자 꿈이다.

　나의 신상에 관한 이야기는 이 정도로 하고, 이제 본격적으로 FX의 세계로 출발하는 문을 열도록 하겠다.

1장

FX는 결코 두렵지 않다

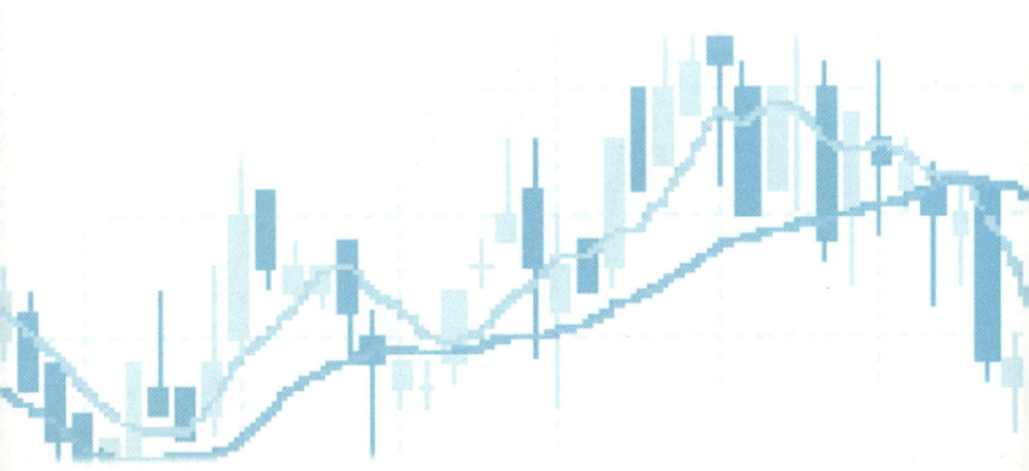

FX가 인생을 바꿔준 느낌이다.
노후나 연금 문제 같은 것에는 신경 쓰지 않고서
자신 있게 빛나는 인생을 보내고 싶다.
이것이 지금 나의 목표이자 꿈이다.

FX란 무엇인가?

FX는 Foreign Exchange의 약자다. 그대로 해석하면 '외국환'이다. 모두 알다시피 외국여행을 갈 때 국내 통화를 현지 통화와 교환하는 일이 바로 외국환이다.

통화와 통화를 교환하는 비율인 환율은 매일 변한다. 예를 들어 '엔고'나 '엔저'라는 말을 들은 적이 있을 것이다.■ '엔고'는 다른 나라 통화에 비해 엔화의 가치가 높아지는 것을 의미하고 '엔저'는 그 반대를 의미한다.

만약 1달러=120엔이 1달러=119엔이 되었다고 생각해보자. 엔의 숫자가 줄어들었기 때문에 '엔저'가 되는 것이 아니다. 1달러를 손에 넣기 위해서는 120엔이 필요했는데, 119엔이 되었다면 차감된 1엔은 이익이 된다. 그러므로 '엔고'인 것이다. 즉 '엔고'란 보다 적은 엔으로 다른 통화와 교환이 가능한 것이고, '엔저'란 다른 통화와 교환할 때 더 많은 엔이 필요하다는 것을 말한다.

엔의 '가치'가 올라갔는지 내려갔는지가 관건인 것이다. 일단 원리를 알고 나면 아무것도 아니지만, 처음에는 조금 어려울지도 모르겠다. 여기서 그 원리를 완전히 이해하고 넘어가도록 하자.

FX의 기본은 어떤 통화가 다른 통화에 비해 그 가치가 '높아질지' 아

■ 우리나라의 경우는 '원화강세' '원화약세'라고 한다.
'원화강세'는 우리나라 화폐가치가 높아지므로(평가절상) 환율인하(달러대비 교환 비율이 낮아짐)를 말한다.
'원화약세'는 그 반대이다.

'엔고엔저'란?

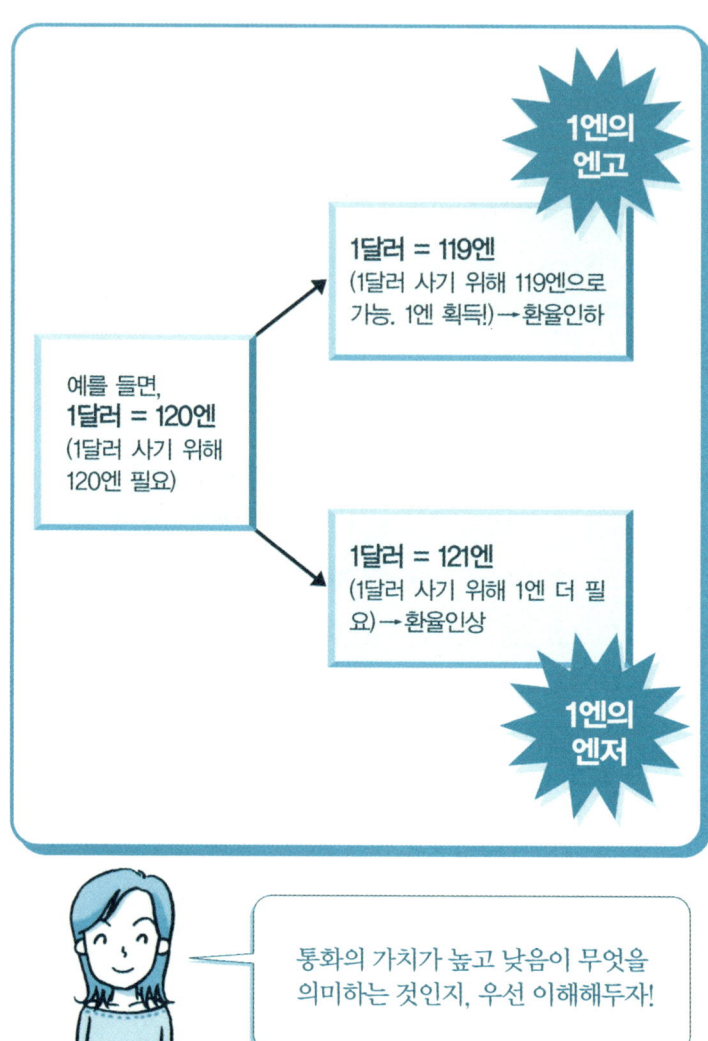

예를 들면,
1달러 = 120엔
(1달러 사기 위해 120엔 필요)

1달러 = 119엔
(1달러 사기 위해 119엔으로 가능. 1엔 획득!) → 환율인하

1엔의 엔고

1달러 = 121엔
(1달러 사기 위해 1엔 더 필요) → 환율인상

1엔의 엔저

통화의 가치가 높고 낮음이 무엇을 의미하는 것인지, 우선 이해해두자!

FX는 어떻게 돈을 벌게 하는가?

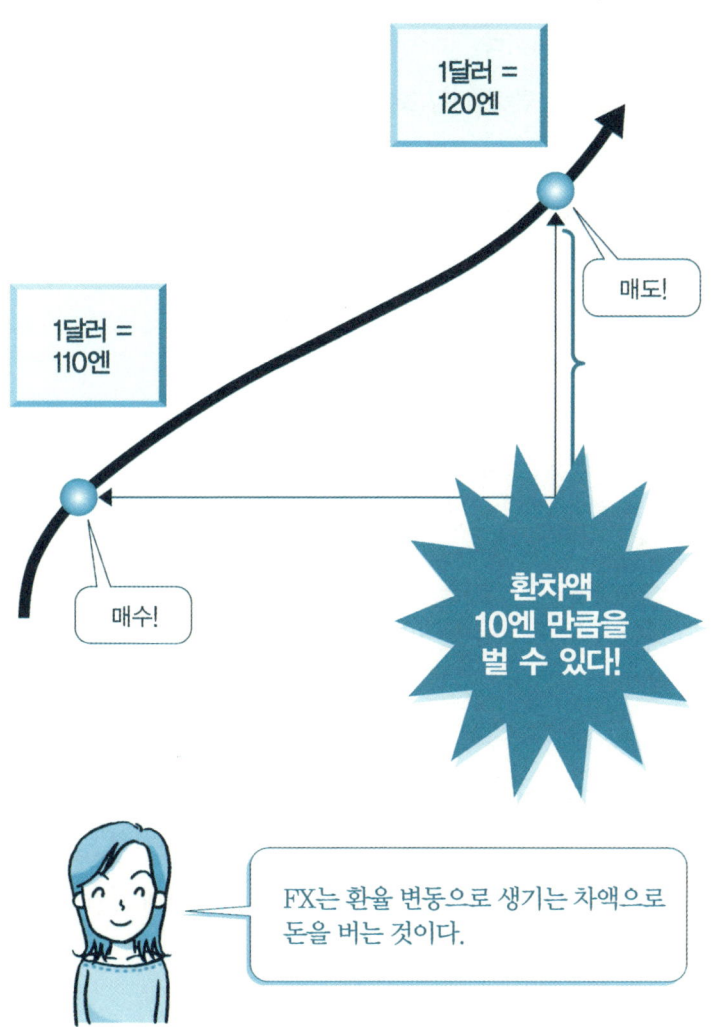

니면 '낮아질지'를 예상하고, 높아질 것 같은 통화는 '구매'하고 낮아질 것 같은 통화는 '판매(공매)' 주문을 내는 것이다. 그리고 가격이 예상한 대로 움직이면 구입했던 통화는 '판매'하고 팔았던 통화는 '구매(재매수)'하여 청산하는 것이다.

이야기는 굉장히 단순하다. 높아질 것 같은 통화는 구입하고 낮아질 것 같은 통화는 판매(공매)하면 된다. 매우 간단하기 때문에 쉽게 할 수 있을 것이다. 그 간단한 일이 종종 복잡해지기는 하지만…….

그러나 보통의 전업주부인 나도 가능한 일이었으므로, 당신 역시 쉽게 할 수 있을 것이다. 불가능할 이유가 전혀 없다.

외국환시장은 어디에 있나?

외국환 거래가 이루어지는 곳이 바로 외국환시장이다. 주식시장처럼 거래소 건물이 있을 듯도 하지만, 사실 외국환시장에는 기본적으로 거래소가 없다.

동경, 뉴욕, 런던 등에서 평일에 은행끼리 1:1로 이루어지는 통화 거래(인터뱅크 시장)를 비유적으로 '시장'이라고 부르는 것이다.

이러한 은행 간의 거래는 시차를 따라 전 세계를 한 바퀴 빙 돈다. 요컨대 외국환시장이라는 것은 전 세계의 도시를 차례차례 이어가며 24시간 이루어지는 거대한 네트워크인 것이다.

주요 외국환시장의 거래시간

1. 웰링턴(뉴질랜드)   4:00~12:00
2. 시드니(호주)   7:00~16:00
3. 동경(일본)   9:00~17:00
4. 싱가폴(싱가폴)   10:00~19:00
5. 런던(영국)   17:00~익일 3:00
(겨울은 1시간 늦게)
6. 뉴욕(미국)   22:00~익일 7:00
(겨울은 1시간 늦게)

예전에는 정부의 허가를 받은 은행에 한해서 외국환 거래를 할 수 있었다. 지금도 규모가 큰 거래는 특정한 은행과 금융기관에서만 이루어진다.

그러나 지금은 법률이 개정되어 누구나 자유롭게 외국환 업무를 할 수 있게 되었고, 그와 함께 개인 투자가를 대상으로 하는 '외국환증거금거래(FX마진거래)'라는 새로운 상품이 생겼다.(한국의 경우 2005년 1월 27일 선물거래법 시행령 개정으로 국내 선물회사를 통해 개인이 외환거래를 할 수 있게 되었다.)

그런데 그 중에는 수상한 회사도 생겨났고 개인투자가가 사기를 당하는 경우도 있었다. 그런 문제들이 신문이나 방송 등의 매스컴을 통해 보도되면서 'FX는 무섭다'는 선입견을 가진 사람들이 늘어나게 되었다.

그런 까닭에 2005년 법률이 개정되어 FX회사의 설립이 등록제로 바뀌었고 금융청의 감독 아래에 놓이게 되었다. 400개 정도로 난립했던 FX회사가 100개 정도로 줄어든 것이 이때였다. 지금은 다시 200개 이상으로 늘어났지만 거래를 끈질기게 권유하거나 '반드시 돈을 벌게 된다'며 과대광고를 한다든지 전화로 투자를 권유하는 것 등은 법률로 금지되어 있다. 광고를 할 때는 반드시 수수료와 리스크 등에 관해 표시해야 하고, 계약체결 전 증거금을 받을 때는 서면을 교부하는 것 등이 의무화되었다. 또한 자기자본비율이라고 하여 회사의 자본금 등을 일정한 비율로 보존하는 규칙 등도 생겨 악질적인 회사는 상당히 줄어들었다.

그러나 문제가 완전히 없어진 것은 아니다. FX회사를 선택하는 방법에 대해서는 뒤에서 다시 이야기하도록 하겠다.

FX의 매력은?

FX는 결코 마법의 지팡이가 아니다. 얕잡아보다가는 큰 손실을 낼 수도 있다. 그렇다면 FX는 투자에 능숙한 프로에게나 맞는 투자법이 아닐까? 초보자에게는 적당하지 않은 투자법이 아닐까? 초보자는 아예 손을 대지 않는 편이 좋지 않을까?

아니다. 나는 그렇게 생각하지 않는다. 오히려 나처럼 투자에 생초보인 사람에게 오히려 더 맞는 투자법인지도 모른다.

이렇게 말하면 오해를 일으킬지도 모르지만, 그 첫 번째 이유는 투자에 대한 경험이 전혀 없어도 충분히 시작할 수 있기 때문이다. 나의 경우가 좋은 예다. FX는 선입견 없이 순수하게 몰두하는 사람이 좋은 결과를 낼 수 있는 재테크 방법이다.

투자라고 하면 주식, 채권, 금, 상품선물, 투자신탁 등 여러 가지가 있다. 그 중에서도 가장 인기 있는 투자처는 주식일 것이다. 그런데 주식을 오랫동안 했던 사람이 FX를 하게 되면 '어렵다'고 말한다. 그것은 주식투자를 하는 방법과 FX를 하는 방법이 비슷하면서도 많은 부분에서 미묘한 차이를 가지고 있기 때문이다. 아무 생각 없이 주식을 하던 방식과 똑같은 방식으로 FX를 한다면 뜻대로 잘 안 된다고 느끼게 될 것이다.

그에 비해 투자의 초보자는 제로(0)에서부터 시작하는 셈이기 때문에 선입견이 없다. 즉 고정관념이 없이 FX에 집중할 수 있기 때문에 조금만 공부하면 점점 더 잘하게 될 가능성이 높다.

게다가 내가 주로 하고 있는 '데이트레이딩Day Trading' 기법은 어려운 이론이나 정보수집, 분석 등이 거의 필요치 않다. 기본은 차트를 보는 방법이다. 이 기법을 연마하는 것이 성공의 요령이다. 어떤 의미에서는 매우 간단하기 때문에 누구나 할 수 있고 그만큼 가능성이 열려 있다고 말할 수 있다.

FX가 초보자에게 맞는 투자법이라고 생각하는 두 번째 이유는 적은 금액으로 시작할 수 있다는 점이다. 예를 들어 현물인 주식투자를 하려면, 인기 있는 대형주일 경우 한 종목에 100만 엔^{1000만 원} 정도가 필요하다. 보통 하나의 종목에만 투자하는 것은 위험하기 때문에 분산투자를 하려고 들면 순식간에 수백만 엔의 자금이 필요해진다.

더구나 현물주는 한 번 사게 되면 몇 개월에서 길게는 몇 년 이상 보유하게 될 확률이 높다. 그만큼 자금이 묶이기 때문에 충분한 여유자금이 없이 주식투자를 하면 기대한 수익률을 올릴 수 없다. 물론 소액부터 시작하는 '미니종목' 같은 것도 있지만 주식은 꾸준히 쌓아간다는 의미에서는 역시 장기투자가 적절하다.

그에 비해 FX는 50만 엔^{500만 원} 정도의 증거금만 있으면 바로 시작할 수 있다. 회사에 따라서는 30만 엔^{300만 원}, 더 적게는 5만 엔^{50만 원}에서부터 시작할 수 있는 경우도 있다. 물론 소액으로는 그다지 큰 투자효율을 기대할 수 없다. 하지만 소액으로도 바로 시작할 수 있다는 것은 초보 투자자에게는 커다란 장점임에 틀림없다.

FX가 초보자에게 맞는 이유

1 경험이 별로 없어도 할 수 있다(오히려 선입관이 없어서 좋다)

2 적은 금액으로 시작할 수 있다

3 효율성 있게 할 수 있다(레버리지 효과)

4 주식 같은 방대한 종목 선택이 필요하지 않다

5 데모트레이드(모의투자)로 연습을 할 수 있다

단순하게 생각하면 큰 손실을 낼 가능성이 있지만, FX는 나처럼 원래 투자에는 초보자인 사람에게 맞을지도 모른다.

세 번째 이유는 '레버리지 효과'▪라는 것이 있어서 계좌에 맡긴 금액의 몇 배, 혹은 수십 배의 금액으로 거래를 하는 것이 가능하기 때문이다. 예를 들어 레버리지가 100배인 계좌에 10만 엔^{100만 원}을 증거금으로 차입했다면 최대 1,000만 엔^{1억 원}까지 거래를 할 수 있다.

이런 경우 1,000만 엔은 업자에게 빌리는 형태를 취하며, 청산시에 플러스/마이너스의 차액분만 받거나 지불한다. 계좌에는 10만 엔^{100만 원}만 있지만 실제로는 1,000만 엔^{1억 원}을 거래하는 것이기 때문에 환율이 조금만 움직여도 크게 이익을 얻을 수 있고 또 손해를 볼 수도 있다.

금리가 낮은 통화를 팔아서 금리가 높은 통화를 살 때는 '스왑 금리차'가 발생하는데, 이 스왑 금리차 역시 레버리지 효과가 크다. (자세한 것은 131쪽을 참조). 주식 신용거래에서도 비슷하게 레버리지 효과가 발생하지만 많아봐야 자기 자금의 3배 정도까지만 가능하다. 그에 비해 FX의 레버리지 효과는 100배나 200배, 지금은 최고 400배까지 주어지고 있다.

FX는 이렇게 비교적 적은 종자돈으로 효율적인 재테크를 할 수 있는 가능성이 있다. 이것 역시 자기 자금이 적은 초보자에게는 큰 매력이라고 할 수 있을 것이다.

네 번째 이유는 주식과 비교했을 때 투자 대상을 선택하는 일이 그다

▪ 레버리지Leverage란 지렛대란 뜻으로 투입한 자산이나 비용이 지렛대와 같은 작용을 해 손익의 변동이 확대되는 효과를 가져오는 것을 의미한다.
레버리지 효과란 기업이나 개인이 차입금 등 타인의 자본을 지렛대처럼 이용하여 자기자본의 이익률을 높이는 것을 말한다.

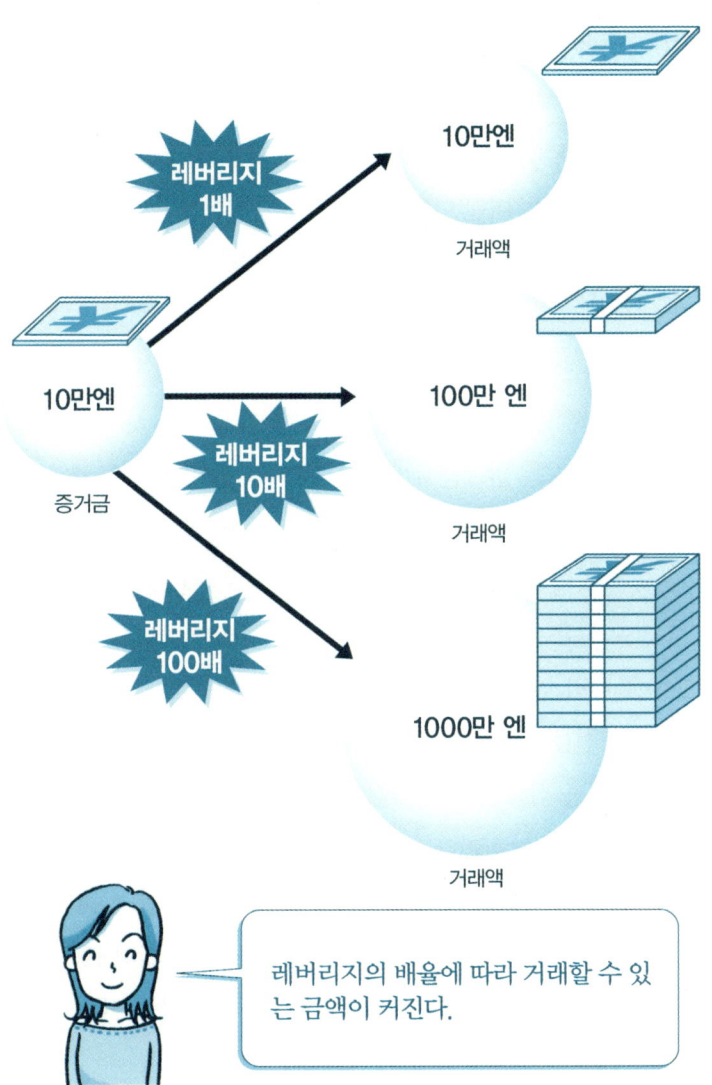

지 까다롭지 않다는 것이다. 주식투자를 하려면 수백에서 수천 개나 되는 종목 중에서 투자할 곳을 선택해야 한다. 하지만 FX에서는 투자 대상인 주요 통화가 고작 10개에서 20개에 불과하기 때문에 매일 체크하는 것도 간단하다. 주식을 해본 적은 없지만, 내가 만약 주식을 한다면 그 많은 종목 가운데 무엇을 골라야 할지 안절부절할 것만 같다. 게다가 특히 신흥시장의 경우에는 어떤 이유에서 주가가 움직이는지 잘 모르는 경우가 많다. 내부자거래 같은 것을 통해 주가를 조작하는 사건들도 반복해서 발생한다.

개인적인 편견일지는 모르지만 주식시장은 뭔가 뒤에서 부정한 행동이 일어나기 쉬운 듯한 이미지가 있다(물론 전부 그렇다는 것은 아니지만).

그에 비하면 FX는 앞에서 설명했던 것처럼 전 세계의 도시를 연결하는 거대한 시장이기 때문에 의도적으로 환율을 움직이고 싶다고 해서 움직일 수 있는 것이 아니다. 때문에 그만큼 공정하다고 할 수 있다.

다섯 번째 이유는 미리 연습할 수 있다는 점이다. FX는 데모트레이드(모의투자)로 미리 연습할 수 있는 프로그램을 제공하는 회사가 많다. 주식이나 주식 선물거래에서는 그런 모의투자가 거의 없다. 그러므로 모의투자에서 어느 정도 경험을 쌓은 후에 실전투자를 할 수 있다는 것은 초보자에게 커다란 장점이다.

물론 이런 점들이 오히려 마이너스로 작용할 때도 있다. 투자에 관한 한 '절대안전'은 없다. 그렇기 때문에 주변에서 FX에 흥미를 갖고 공부한 사람들이 많았지만 첫발을 내딛기가 무척 힘들다는 사람들도 있었

주식은 좀 힘들다!

주식

- 일정하게 정해진 규모의 금액이 있다
- 주가 조작 사건이 일어난다
- 종목이 많아서 선택하기 어렵다

FX

- 몇 만 엔부터로도 시작할 수 있다
- 주식 처럼 내부자 사건이 없다
- 통화의 조합이 한정되어 있다

다. 이러한 망설임은 어쩔 수 없는 것이지만 중요한 것은 어떤 위험이 있는지 알고서 그것을 잘 컨트롤하는 일이다. 그것이 가능하다면 FX는 매우 매력적인 투자가 될 것이다.

회사마다 조건은 조금씩 다르지만 예상 밖의 손실액이 일정 한도 이상을 넘어서면 회사 측의 판단에 따라 '강제 반대매매(신용거래에서 청산방법 중 하나로서 상환기한 이전에 융자분은 매도, 대주분은 매수하여 그 차금을 수수하여 융자분을 상환하는 방법을 말한다)'로 거래를 종료당하는 일도 있다. '강제 반대매매'라는 말을 들으면 무섭게 느껴질 수도 있지만 오히려 큰 손실을 막기 위한 안전장치라고 생각하면 된다. 그런 장치를 준비하고 있는 FX회사가 더 안심하고 투자금을 맡길 수 있는 곳이라는 것이다.

먼저 여유자금을 가지고 투자해보고 예상이 빗나가서 강제 반대매매를 당했다면 거기서 일단 리셋하자. 그리고 다시 한번 여유자금을 모아서 재도전하는 것이 좋다. 회복할 수 없을 만큼 큰 손실을 볼 위험이 적다는 것 역시 FX가 초보자에게 맞는 재테크 방법이라고 할 수 있는 이유다.

어떻게 리스크를 컨트롤하는가?

FX에는 어떤 리스크가 있는가.
우선 시세가 자신이 예상한 것과 반대 방향으로 크게 움직일 경우, 거래에서 손실이 발생할 가능성이 있다. 이것을 '시세 변동 리스크'라고 부른다.

앞에서도 말한 것처럼 손실 규모가 일정 수준을 넘어 예상 손실이 커지게 되면 회사가 고객에게 청산을 할지 아니면 그대로 계속할지를 묻는데, 이것을 '마진콜'이라고 한다. 그리고 회사가 강제적으로 청산을 하기도 하는데, 이것을 강제 반대매매라고 한다.

그리고 FX에서는 매수하는 통화와 매도하는 통화의 금리 차이에 따르는 조정액(스왑 금리차)이 매일 발생한다. 그러나 이 스왑 금리차는 상황에 따라 달라지기 때문에 이를 기대하고 있었는데 이자가 붙지 않게 되거나 반대로 기대하지도 않았는데 이자가 붙는 경우가 생기기도 한다. 이것을 '금리 변동 리스크'라고 부른다. 또 어떤 통화들의 금리가 크게 움직이면 그에 따라 환시장의 시세 자체가 크게 변동하는 수가 있다.

또한 시장의 혼란으로 매매가 일시적으로 중단된 사이에 시세가 크게 움직여 손실이 늘어나는 일도 있다. 이것을 '유동성 리스크'라고 부른다. 미국, 일본, EU 등 주요국의 통화라면 그런 일이 거의 없지만, 그래도 대지진이나 전쟁 등의 긴박한 사태가 일어나면 어떻게 될지 알 수 없다. 신흥국의 통화는 정치적 경제적 상황에 따라 유동성 리스크가 발생할 확률이 더 높다고 할 수 있다.

또 다른 위험은 거래하고 있는 FX회사가 도산하는 사태다. 이것을 '신용 리스크'라고 부른다.

FX는 기본적으로 FX회사끼리의 거래다. 거래주문은 외국환시장에 연결되지만 증거금 자체는 FX회사에게 맡겨져 있다.

FX의 다섯 가지 리스크

① 시세 변동 리스크
시세가 자신의 예상과는 반대로 움직여서 손실을 본다.

② 금리 변동 리스크
스왑 금리차가 크게 변화하여 손실을 본다.

③ 유동성 리스크
시장의 혼란 등으로 인해 거래가 일시적으로 불가능해져 손실을 본다.

④ 신용 리스크
거래하고 있는 FX 회사가 파산하여 증거금을 되돌릴 수 없다.

⑤ 시스템 리스크
컴퓨터 시스템이나 컴퓨터 오류로 거래가 일시적으로 불가능해져 손실을 본다.

현재는 증거금을 FX회사의 자금과 분리하여 신탁은행에 보관하는 '신탁 보전'의 경우도 있지만, 증거금 전액을 대상으로 하는 것이 아니며 모든 회사가 증거금을 신탁 보전하고 있는 것도 아니다. 따라서 FX회사가 도산하면 맡겼던 증거금을 찾지 못할 위험성도 있다. 그런 의미에서 어떤 FX회사를 선택하느냐의 문제는 매우 중요하다.

또 하나, FX회사가 사용하는 시스템에 문제가 발생하면 매매 주문이 일시적으로 불가능해지고 그 기간에 손실이 커질 위험이 있는데, 이를 '시스템 리스크'라고 한다.

현재 FX거래는 대부분 인터넷을 이용해 컴퓨터 화면상에서 처리한다. 그것을 가능하게 하기 위한 시스템이 회사와 이용자에게 제공되는데, 이 시스템이 결코 완벽하다고 할 수는 없다.

또 자신이 사용하고 있는 컴퓨터가 갑자기 이상해지거나 어떤 사정으로 인해 통신회선의 연결이 끊어지는 일도 생각할 수 있다.

이런 리스크들을 어떻게 컨트롤하면 좋을까? 나는 '손절매'를 철저하게 하는 것이 최상의 대책이라고 생각한다.

FX의 리스크란 결국 예상과 달리 손실이 크게 늘어나는 것이다(당연한 말이다). 그 리스크를 피하려면 판매(매도)와 구매(매수) 주문을 낼 때 미리 '스톱stop'이라고 불리는 가주문(손절매지정가 주문stop order)을 반드시 내야 한다. 자세한 것은 2장에서 설명하기로 하겠다.

FX는 여성에게 맞는 재테크다?

FX는 초보자에게 적합한 투자이며 리스크를 완전하게 컨트롤할 수 있다면 매우 매력적인 투자방법이다.

첫 번째 이유는 앞에서 말했던 것처럼 비교적 적은 자금으로 시작할 수 있고, 그밖에도 효율적으로 돈을 벌 수 있는 가능성이 많다는 점에 있다. 최저 증거금은 FX회사에 따라 다양하지만 보통 30만 엔300만 원 정도이고 적을 경우에는 5만 엔50만 원부터 시작할 수 있는 곳도 있다.

이 정도면 평범한 주부라도 저금이나 부수입을 통해 얼마든지 준비할 수 있지 않을까? (단, 반드시 여유자금으로 시작하는 것이 좋다고 생각한다.)

두 번째 이유는 집에서 적은 시간으로도 투자가 가능하다는 것이다. 사실 내가 FX를 시작하기 전에 다녔던 어필리에이트 학원에도 주부들이 아주 많았다. 그들은 거의 대부분 집에서 돈을 벌 수 있는 일을 찾고 있었을 것이다.

FX는 주부들처럼 집에서 컴퓨터를 이용해서 돈을 벌고 싶어 하는 사람에게는 매우 적합한 재테크 방식이다. 하루에 몇 시간만, 일정한 시간을 정해서 투자하는 것만으로도 충분히 수익을 올릴 수 있기 때문이다. 토요일은 시장이 쉬기 때문에 일주일의 리듬에도 맞춰져 있다.

세 번째 이유는 거래하는 시간을 자유롭게 선택할 수 있기 때문이다. 평일에는 24시간 내내 거래를 할 수 있기 때문에 아이를 재우고 난 심야

FX가 여성에게 맞는 이유

① 적은 금액으로 시작할 수 있다

② 집에서 아이를 키우며 집안일 하는 틈틈이 가능하다

③ 원하는 시간에 할 수 있다(평일은 24시간 가능)

④ 신문과 TV를 보지 않아도 괜찮다(경제치여도 OK)

⑤ 저축 대신으로도 가능하다 (스왑 금리차 거래의 경우)

나는 FX가 여성용이기도 하다고 생각한다.

나 혹은 이른 아침에 할 수도 있고, 어떤 때는 집안일을 일단락한 낮 시간에 할 수도 있다. 즉 자신의 라이프스타일에 맞춰서 거래를 할 수 있는 것이다.

네 번째 이유는 단순하다는 것이다. 시세의 움직임에만 집중하면 충분히 성공할 수 있다. 경제에 관한 특별한 지식이 없어도 세상의 뉴스에 무지해도 문제될 것이 없다. 전문가의 말에 따르면, 오히려 신문에 나오는 정보는 이미 너무 늦다는 것이다. 신문에 나온 시점이면 그 정보의 가치는 이미 끝난 것이나 다름없다. 그렇기 때문에 나는 신문을 읽지 않는다.

FX회사에서 온 리포트나 메일 매거진을 몇 개 읽어보는 것이 전부다. 그것만으로도 매월 100만 엔^{1,000만 원}을 충분히 번다.

다섯 번째 이유는 환거래 차액으로 돈을 버는 것뿐만 아니라 스왑 금리차를 노릴 수 있다는 점이다.

어떤가, FX에 조금은 구미가 당기지 않는가?

2장

시작이 반
FX 첫걸음 떼기

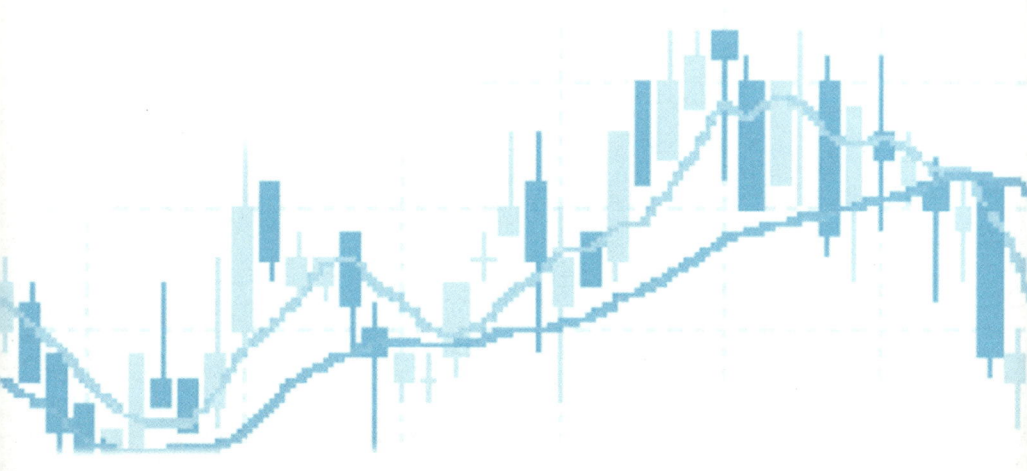

FX는 선입견 없이 순수하게 몰두하는 사람이
좋은 결과를 낼 수 있는 재테크 방법이다.

거래 계좌 개설하기

그러면, FX는 어떤 방식으로 하는 걸까? 구체적인 거래 절차에 대해 차근차근 살펴보도록 하자.

우선은 FX회사를 선택하고 계좌를 개설하는 것부터 시작하면 된다. FX회사를 직접 방문하여 계좌를 개설할 수도 있지만, FX회사는 보통 자사의 사이트를 구축해놓고 있으므로 거기에 접속하면 '자료실'이라든가 '계좌 개설 신청'이라는 메뉴를 찾을 수 있을 것이다.

'계좌 개설 신청' 메뉴에서는 신청서를 받아볼 수 있다. 신청서에 필요한 사항을 기입하고 신분증 복사본을 넣어 발송하면 계좌를 개설해준다.

온라인으로 바로 접수할 수 있는 회사도 있다. 필요한 사항을 입력하고 신분증을 스캔해서 메일에 첨부하거나 팩스로 보내면 된다.

신청하고 얼마 동안 기다리면, 계좌가 개설되었다는 연락이 온다. 지정된 계좌에 증거금을 넣으면 시스템에 접속할 수 있는 ID와 패스워드가 전송되어 온다. 여기까지 준비를 마치면 언제라도 FX거래를 시작할 수 있다.

덧붙이자면 나는 거래 방법에 따라 여러 개의 회사에 계좌를 열어놓고 있다. 처음에는 계좌가 한 개뿐이어도 괜찮았지만 나중에는 두세 개 있는 것이 좋다고 생각했다.

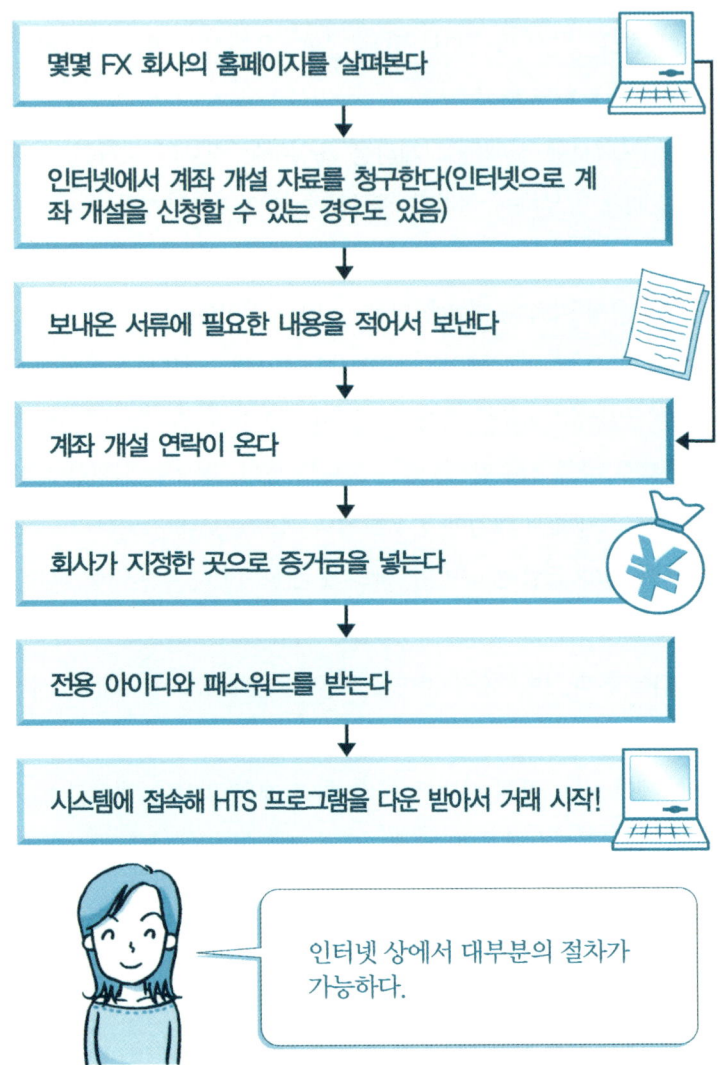

'거래'는 이렇게 한다

'FX 거래'라고 하면, 도대체 컴퓨터로 어떻게 거래한다는 것인지 잘 모르는 사람도 있을 것이다. 이제 간단하게 '거래'의 개념에 대해 설명하려고 한다. '거래'라는 것이 무엇인지 확실한 개념을 갖고 있다면 이 책에 대한 이해가 훨씬 빠를 것이라고 생각하기 때문이다.

우선 컴퓨터 전원을 켜고, 그 다음 계좌를 개설한 FX회사의 트레이드용 프로그램HTS을 작동시킨다. 이 프로그램은 회사마다 조금씩 다르지만 대체로 시세 변동을 나타내는 차트와 계좌 상태 등이 표시된다.

중요한 것은 차트다. 가로축이 시간, 세로축이 거래가격으로 되어 있는데, 거기에 두 가지 색의 막대선이 나열되어 있다. 이것이 '캔들스틱 차트Candlesticks Chart(모양이 양초와 비슷해서 붙인 이름이다)'이다.

봉 차트라고 불리기도 하는 이 '캔들 차트'는 시장의 거래가격 동향을 나타내는데, 이 차트를 보면서 매매 타이밍을 가늠할 수 있다.

'주문'은 주문 전용의 작은 화면을 불러내서 필요한 수치(얼마에 어느 정도를 사고팔지 등)를 입력하고 클릭하면 된다.

FX에서는 매수 주문을 롱Long이라고 하고, 매도 주문을 쇼트Short라고 한다. 매수 혹은 매도로 주문한 후 '이 정도 이익이면 만족하겠다' 싶거나 '더 이상 손실액을 늘리지 말아야겠다' 싶은 판단이 들면 청산 주문을 내고 거래를 종료한다.

롱 포지션Long Position 고객이 어떤 통화를 매수한 상태일 경우 매수한 통화의 가치가 오르면 이익이 나고, 반대로 쇼트 포지션Short Position, 고객이 어떤 통화를 매도한 상태일 경우에는 매도한 통화의 가치가 떨어지면 이익이 난다.

어떤가? 간단하지 않은가? 차후에는 이 거래를 반복하기만 하면 되는 것이다.

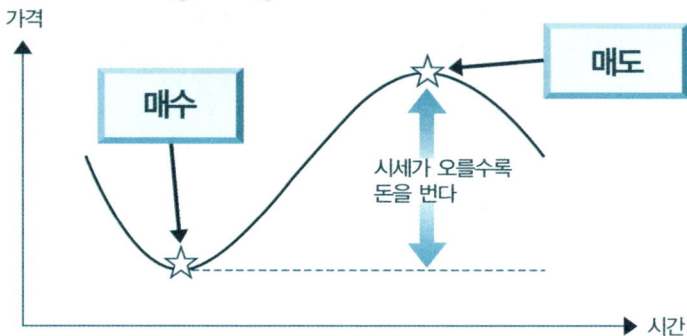

FX의 네 가지 거래 방법

FX 거래는 크게 다음의 네 가지 방법으로 나뉜다.

① 스캘핑(Scalping)
② 데이트레이드(Day Trade)
③ 스윙트레이드(Swing Trade)
④ 스왑트레이드(Swap Trade)

스캘핑Scalping, 투자위험을 극소화하기 위해 근소한 가격변동에도 민감하게 대응하면서 아주 작은 이익을 목적으로 매매하는 선물환거래은 시세의 상하 움직임을 실시간으로 뒤쫓으면서 몇 초에서 몇 분 단위로 한 번의 거래를 종료하는 것이다. 미국의 경기동향 등 중요한 경제지표가 발표되어 시세가 크게 움직일 때 주로 이 방식이 사용된다.

스캘핑을 할 때는 컴퓨터 화면으로 멍하니 차트를 바라보고만 있어서는 안 된다. '이때다!' 생각되는 순간 재빨리 마우스를 클릭해야만 한다. 반사신경이 승패를 좌우한다고 해도 과언이 아니다. 내 경우에는 가끔 의욕적으로 벌고 싶어질 때 스캘핑을 하며, 일상적인 방식으로는 선택하지 않는다.

네 가지 투자방법

방법	1회의 거래 기간	목표	장점 / 단점
스켈핑	몇 초~몇 분	환차액	O 단시간에 결제하므로 결과가 빨리 나온다 O 포지션을 오래 보유하지 않으므로 스트레스가 적다 X 컴퓨터 화면에 집중해야 할 필요가 있다 X 한 번에 큰 이익은 어렵다
데이 트레이드	수십 분 ~ 1일 이내	환차액	O 1일이라는 범위를 설정하기 때문에 손실이 나도 결산을 수정하기가 수월하다 O 차트 중심이라서 초보자들도 하기 쉽다 X 시세의 흐름을 읽는 감각과 경험이 필요하다 X 단순해서 여지가 별로 없다
스윙 트레이드	며칠~몇 주간	환차액 (덤으로 스왑금리)	O 별로 시간이 들지 않아 바쁜 사람도 가능 X 데이트레이드와 비교했을 때 이익도 손실도 커지기 쉽다
스왑 트레이드	몇개월~	스왑금리차	O 외화예금보다 효율적 X 시세가 크게 움직이면 금리 이상의 환차손이 발생한다

나는 데이트레이드를 중심으로 하고 있다.

데이트레이드Day Trade는 기본적으로 주문하고 24시간 이내에 한 번의 거래를 끝내는 것이다. 나의 경우, 주문하고 나서 한두 시간 내에 청산을 할 때도 있지만 아침까지 미루는 경우도 있다. 하루라는 틀 안에서 깨끗하게 결과가 나오기 때문에 나는 주로 이 방법을 쓰고 있다.

스윙트레이드Swing Trade는 며칠에서 몇 주의 기간에 걸쳐 비교적 큰 추세를 보면서 거래하는 방법이다. 컴퓨터에 달라붙어서 계속 차트를 주시하는 것이 아니라 하루에 몇 번 정도 체크하면 된다. 기간이 어느 정도 길기 때문에 시세가 움직이는 범위도 당연히 커진다. 따라서 '손절매 기준선'도 어느 정도 크게 설정해야 하기 때문에 증거금이 적을 경우에는 이 방법이 별로 적합하지 않을 수 있다.

내 경우에는 환차익을 노리므로 레버리지를 좀 높여서 스윙트레이드를 하고 있지만, 포지션을 며칠씩 가지고 있는 것은 아무래도 별로 자신이 없기 때문에 어떻게 해서든 짧게 스윙(2~5일 정도)하는 경향이 있다.

스왑트레이드Swap Trade는 앞의 세 가지 방법과는 달리 통화간의 금리 차이를 이용해서 스왑 금리차를 노리는 방법이다. 예를 들어 금리가 낮은 엔을 팔아서 금리가 높은 달러나 파운드 등의 통화를 사면 매일 일정한 이자를 챙길 수 있다. 외화로 저축을 하고 이자를 받는다고 생각하면 된다.

나는 저축을 한다는 생각으로 이 스왑용 계좌에 일정 정도의 자금을 넣고 있다. 다만 금리를 벌고 있어도 그 통화의 가치가 크게 떨어지면 환차손이 발생할 위험이 있다. 그렇기 때문에 나는 1년에 몇 번 정도, 가치

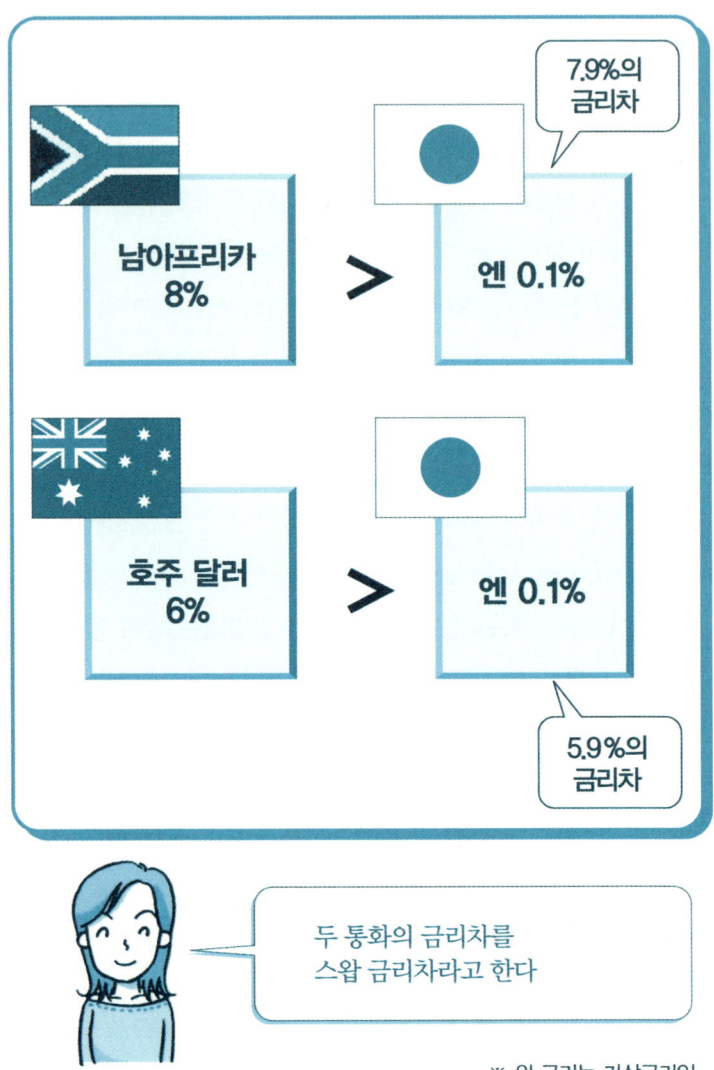

가 아주 많이 떨어진 통화가 있을 때만 그 통화를 구입하고 있다.

적어도 10일은 모의투자 Demo Trade로 도전해보자

이제 FX거래가 어떤 것인지 대략 감을 잡았을 것이다. 하지만 곧바로 100% 이해가 가지는 않을 것이다. 나도 아픈 눈을 비비며 여러 가지 책을 읽으면서 조금씩 '아, 이렇게 하면 되는구나!' '아, 이럴 때는 이렇게 하는 게 좋겠다!'는 것을 깨달아나갔다. 그렇기 때문에 지금부터 FX를 시작하는 사람들은 일정기간 동안 반드시 '모의거래'를 하라고 권하고 싶다.

모의투자는 대부분의 FX회사가 무료로 제공하고 있다. 해당 회사의 거래시스템을 사용하여 진짜 거래와 똑같은 느낌으로 거래를 체험할 수 있다. 처음에는 이 모의투자를 이용해 차트의 움직임을 읽는 법, 매도와 매수 주문을 넣는 방법, 청산 주문을 내는 방법 등 해볼 수 있는 것을 모두 경험해보도록 한다. 각 회사의 거래시스템에는 여러 가지 기능이 있는데, 그 기능들을 완전히 익히도록 한다.

자동차 운전을 생각해보자. 아무런 연습도 없이 갑자기 도로에 나간다면 사고가 날 위험이 크다. FX도 똑같다. 우선은 모의투자로 충분히 연습을 해야 한다. 각 회사의 거래시스템도 형태가 다양하다. 자동차를 예로 들면, 초보자가 운전하기 쉬운 소형차가 있는 반면에 최신 하이브

리드 자동차도 있고 무서운 스피드를 내는 스포츠카도 있다. '시승'을 해보고 자기에게 맞는 것을 선택하는 일은 매우 중요하다.

여기에 내가 생각한 모의투자 트레이닝 메뉴를 소개하겠다. 일단 열흘 동안 매일 두세 시간 정도씩 이 메뉴를 이용해 연습해보라.

모의투자 1일차 — 매수Long & 매도Short 주문 연습

우선 매수Long, 매도Short 주문을 넣는 연습부터 시작한다.

통화의 조합(이종통화)은 가장 인기 있는 종목인 달러/엔USD/JPY이 좋을 것이다. 통화의 조합은 앞쪽에 있는 통화가 기준이 되는데 이를 기준통화, 뒤에 있는 통화를 상대통화라 한다. 달러/엔USD/JPY일 때의 '매도Sell'란 기준통화인 달러USD를 팔고 엔JPY을 산다는 의미이고, '매수Buy'란 달러USD를 사고 엔JPY을 판다는 의미이다.

다만 달러/엔USD/JPY의 조합은 시세의 움직임이 별로 크지 않기 때문에 비교적 가격의 움직임이 큰 다른 통화조합을 선택해서 연습하는 것도 좋을 것이다(어디까지나 연습이므로). 나는 연습용으로 파운드GBP를 추천한다. 파운드/엔GBP/JPY이나 파운드/달러GBP/USD, 파운드/스위스프랑GBP/CHF 등은 비교적 시세의 움직임이 크기 때문에 내가 선호하는 통화조합이다.

또 FX에는 적합한 시간대가 있다. 외국환시장은 하루 중에서도 움직

마유미식 모의투자 스케줄

1일차	매수(롱)와 매도(쇼트) 주문을 넣고, 청산하는 연습
2일차	지정가로 진입하는 연습
3일차	지정가(스톱과 리미트)로 청산하는 연습
4일차	캔들스틱 차트의 기간을 바꿔가면서 추세를 판단하는 연습
5일차	주말이 걸릴 경우의 연습
6일차	캔들 차트에 이동평균선을 더해 추세의 반전을 읽는 연습
7일차	주문량(금액)을 늘려보는 연습
8일차	승리를 의식하며 거래하는 연습
9일차	승리를 의식하며 거래하는 연습
10일차	승리를 의식하고 거래하는 연습

하루를 통틀어서 성공할 수 있게 되면 실제 거래로! 한 번도 성공하지 못했다면 처음부터 다시 한번!

임이 활발한 때와 움직임이 별로 없는 때가 있다. 움직임이 활발한 시간대는 다음 세 가지 시간대다.

오전 9시 전후
오후 3시~7시
오후 9시~자정

FX를 할 때는 이 시간대를 노리는 것이 좋다.

컴퓨터에 표시된 차트에는 그 시간대의 '매수'와 '매도' 가격이 나와 있다. 두 가지 가격은 차이가 있는데, 보통 매수 쪽이 높게, 매도 쪽이 낮게 책정되어 있다. 그 차이를 '스프레드SPREAD. 매수와 매도 가격의 차이'라고 하며 이것이 FX회사의 이익이 된다. 스프레드는 회사마다 차이가 있다. 또한 통화의 조합에 따라서도 차이가 난다. 달러/엔USD/JPY이나 유로/달러EUR/USD 등은 스프레드가 작지만 뉴질랜드달러/엔NZD/JPY 등은 비교적 스프레드가 크다.

차트를 보면 여러 가지 종류가 있지만 기본으로 봐야 할 것은 캔들 차트Candlestick Chart다. (캔들 차트를 보는 방법은 72쪽에 있는 칼럼에서 자세히 소개하도록 하겠다.)

캔들 차트도 시간에 따라 여러 가지 종류가 있지만 여기서는 15분 차트를 사용하기로 하겠다.

차트에서 시세가 크게 떨어진 통화가 다음에 오를 것 같다면 매수를 하고, 반대로 크게 올랐다가 다음에 떨어질 것 같은 통화가 있다면 매도 주문을 낸다.

몇 번쯤 거래를 해보면 알게 되겠지만 시세는 오르기도 하고 떨어지기도 한다. 하지만 시세는 단순하게 올랐다 떨어졌다를 반복하지는 않는다. 크게 올라서 다음에는 떨어지겠지 생각하고 있으면 조금 떨어지다가 다시 또 오르는 경우도 있고 그 반대의 경우도 있다.

이렇게 상승기조 속에서 나타나는 작은 하락 또는 하강기조 가운데서의 작은 상승 구간을 '눌림목'이라고 한다(가령 가격이 많이 올라 새롭게 매수하려는 투자자들이 선뜻 뛰어들지 못하고 있는 사이 가격 상승에 따른 이익을 실현하려는 매도자들이 등장하기 때문에 단기적으로 가격이 조정을 거치게 되는데, 이때 차트 상에 눌림목이 나타난다).

처음 예상했던 대로 시세가 움직이면 좋겠지만 유감스럽게도 예상과 반대로 움직인다 해도 10분에서 20분 정도에서 반대주문을 내고 거래를 종료하는 것이 좋다. 첫 번째 날에는 이것을 몇 번 정도 반복해보자.

회사마다 다르지만 FX거래의 최소단위는 보통 1만 통화이며, 이것을 '1랏lot, FX거래에서 계약의 단위'이라고 부르기도 한다. 예를 들어 달러/엔 USD/JPY으로 1랏을 매수하면 1만 달러, 즉 120만 엔1200만 원 정도의 달러를 갖게 된다.

시세 가격은 소숫점 이하를 포함해서 다섯 자릿수 표시를 기준으로 한다. 이 최소 다섯 자릿수를 핍스pips라고 하고 그 마지막 자릿수를 1핍

pip이라고 한다. 핍pip 또는 pip point은 국제 외환시장에서 환율이 변화하는 최소 단위를 뜻하며 FX시장에서 각 통화의 호가를 표시하는 단위로 이용된다.

예를 들어 '달러/엔USD/JPY'에서는 '1달러=125.68엔'으로 표시되는데, 여기서 0.01엔이 시세 변동의 최소단위인 1핍pip이 된다.

포인트 ! ! !

1. 시세의 움직임을 캔들스틱 차트를 보면서 예상한다.
2. '오른다'고 생각되면 '매수' 주문을, '내린다'고 생각되면 '매도' 주문을 낸다.
3. 얼마간 예상대로 움직였는지 아닌지를 확인하고 청산한다(반대주문을 낸다).

시세가 움직이는 단위도 생각해두자!

시세가 움직이는 단위 ••• 거래되는 통화의 가격에도 최저 단위가 있다.

⬇

5자릿수로 나타낸 환율의 최소 자릿수 ••• 여러 가지 통화가 있지만 공통적으로 5자릿수까지 표시한다. 그 때문에 5자리의 최소 자릿수가 시세가 움직이는 단위가 된다.

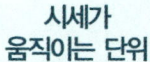 달러 / 엔으로 1달러 = 125.68엔이라면
0.01엔이 최소 자릿수
유로 / 달러로 1유로 = 1.3593달러이면
0.0001달러가 최소 자릿수

=

핍스(pips) ••• 이 **최소 자릿수**를 '**핍스**'라고 부른다.

 처음에는 엔이 들어가 있는 거래 쪽이 이해하기 쉬울 것이다.

캔들 차트 보는 방법 ①

캔들 차트(혹은 캔들스틱 차트, 봉 차트)는 차트 중에서 가장 기본적인 표시방법으로 일정기간(1일, 4시간, 1시간, 30분, 15분, 1분 등)에 따라 네 가지의 거래가격을 표시한다. 네 가지는 다음과 같다.

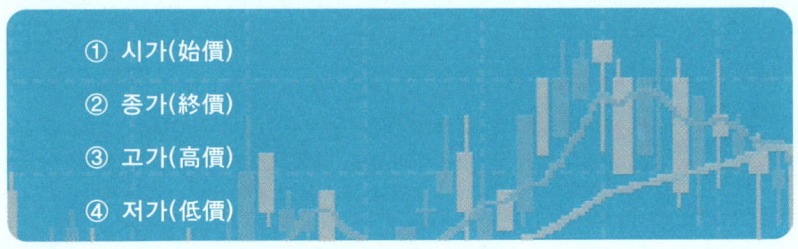

① 시가(始價)
② 종가(終價)
③ 고가(高價)
④ 저가(低價)

①과 ②가 캔들스틱의 중심(실체부분)을 나타내고 ③과 ④는 중심에서 마치 수염처럼 나온 곁가지다.

또 시가보다 종가가 높은 경우는 흰 바탕과 청색 선으로 '양선'이 표시되고, 시가보다 종가가 낮은 경우는 검은 바탕과 빨간 선으로 '음선'이 표시된다.

캔들 차트의 특징은 시간과 가격의 관계가 함께 표시되어 있다는 점이다. 하나의 캔들스틱에는 그 단위시간에 시세가 어떻게 움직였는지가 간결하게 표시되어 있다. 그 움직임을 한눈에 간파할 수 있게 되면 그 다음부터는 누워서 떡먹기다.

양선

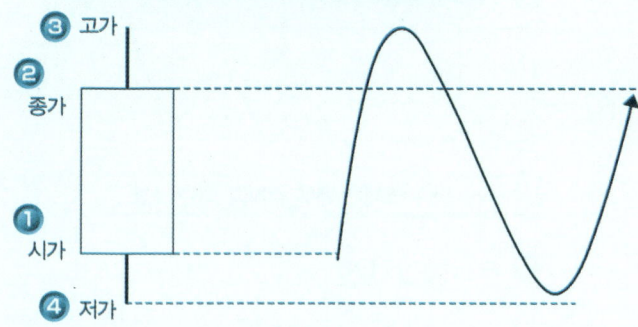

음선

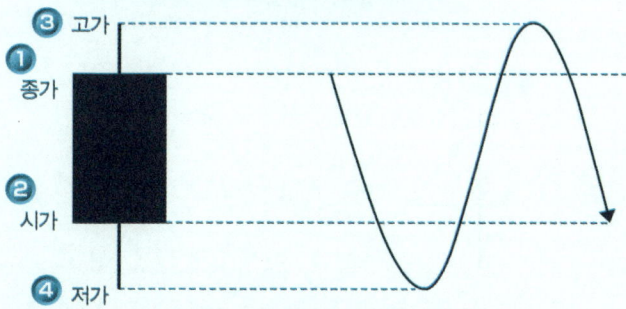

캔들 차트 보는 방법 ②

캔들 차트는 몇 가지 전형적인 패턴이 있다. 우선 이것을 배워보도록 하자. 더 자세한 것은 차트에 대해 따로 설명해놓은 책을 참고하기 바란다.

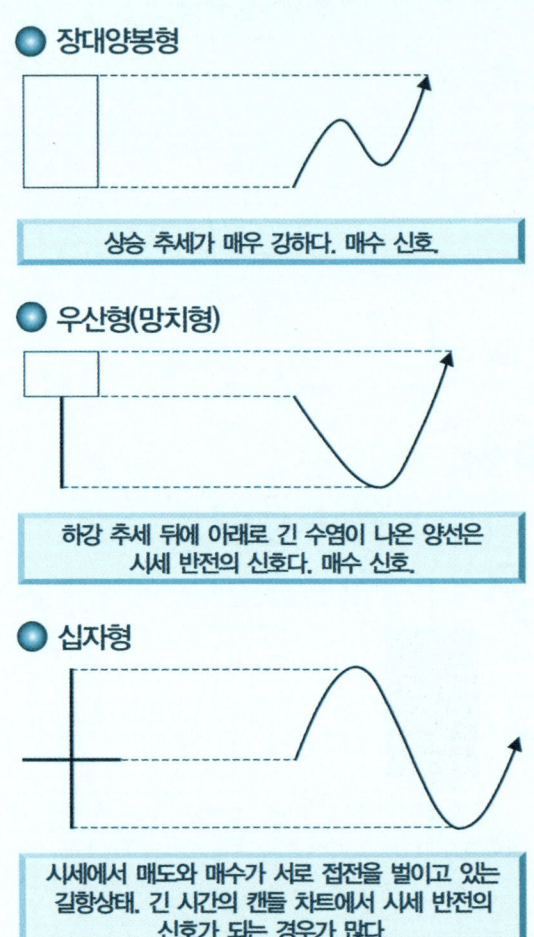

● 장대양봉형

상승 추세가 매우 강하다. 매수 신호.

● 우산형(망치형)

하강 추세 뒤에 아래로 긴 수염이 나온 양선은 시세 반전의 신호다. 매수 신호.

● 십자형

시세에서 매도와 매수가 서로 접전을 벌이고 있는 길항상태. 긴 시간의 캔들 차트에서 시세 반전의 신호가 되는 경우가 많다.

● 장대음봉형

장대양봉형과 반대로 하락 추세가 강하다. 매도 신호.

● 음의 팽이형

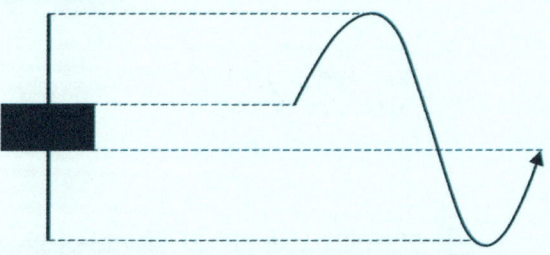

양의 팽이형과 마찬가지로 시세가 흔들리며 헤매고 있는 상태.

● 우산형(교수형)

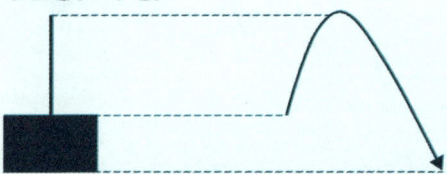

망치형과 반대로 상승 추세 뒤에 위쪽으로 긴 수염이 난
음선은 시세 반전 신호. 매도 신호.

캔들 차트 보는 방법 ③

캔들 차트는 단독으로 보는 것만 아니라 큰 추세 속에서 판단하는 것도 중요하다.

① 저가권과 시세 불안정 뒤에 나타나는 장대양봉형

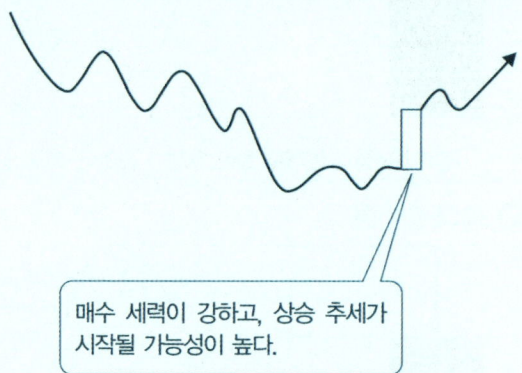

매수 세력이 강하고, 상승 추세가 시작될 가능성이 높다.

② 고가권과 시세 불안정 뒤에 나타나는 장대음봉형

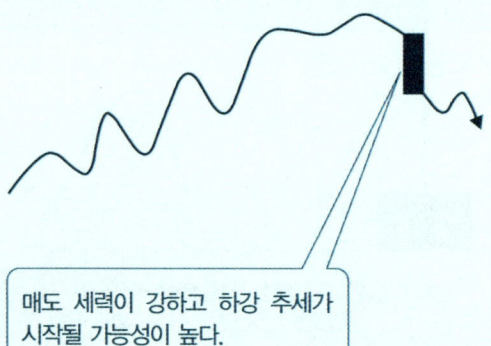

매도 세력이 강하고 하강 추세가 시작될 가능성이 높다.

❸ 상승 추세가 계속된 후의 '망치형'과 긴 윗수염

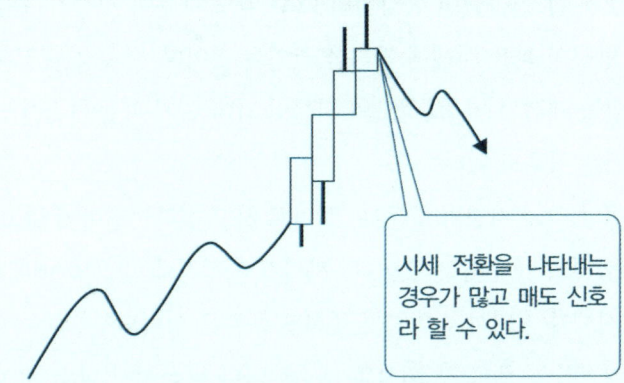

시세 전환을 나타내는 경우가 많고 매도 신호라 할 수 있다.

❹ 하강 추세가 계속된 후의 '교수형'과 긴 아랫수염

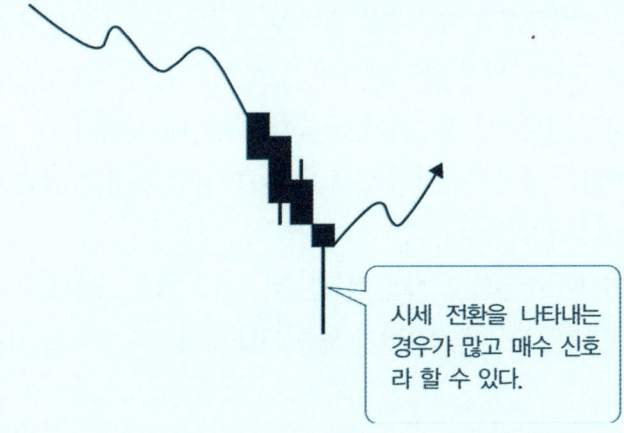

시세 전환을 나타내는 경우가 많고 매수 신호라 할 수 있다.

모의투자 2일차 · 지정가로 진입하는 연습

이번에는 주문을 하는 다양한 방법에 대해 연습해보자.

주문하는 방법에는 '시장가 주문'과 '지정가 주문'이 있다.

첫째 날 연습했던 통상적인 매수 매도 주문이 시장가 주문이다. 이것은 당시의 환율 시세에 가격을 맡기는 것이다. 주문을 내고 나서 거래가 성립될 때까지 몇 초 정도의 시간이 남아 있기 때문에 그동안 환율이 움직이는 경우도 있다.

이와 달리 지정가 주문은 '얼마로 사고 싶다' '얼마에 팔고 싶다'는 희망을 갖고 주문하는 것이다. 시세가 지정가에 맞으면 매매가 성립되지만 시세가 거기까지 미치지 못하면 주문은 성립되지 않는다.

지정가 주문은 각 회사의 시스템마다 방식에서 다소 차이가 있기 때문에 자세한 내용을 확인해보는 것이 좋다.

지정가 주문을 하는 데는 대개 두 가지의 목적이 있다. 하나는 가능한 시장가보다 '낮게 매수'하거나 '높게 매도'하기 위해서다. 시세가 슬슬 바닥을 쳤다거나 상투까지 왔다고 생각될 때, 조금이라도 낮게 또는 조금이라도 높게 주문하기 위해 지정가를 내는 것이다. 잘만 하면 그만큼 이익이 커지게 된다.

지정가 주문의 또 다른 목적은 컴퓨터를 계속 지켜보고 있지 않을 때를 위해서다. '이 정도까지 하면 괜찮지 않을까?' 하는 기준선을 정해

추세선 그리는 방법과 지정가

● 상승 추세일 경우

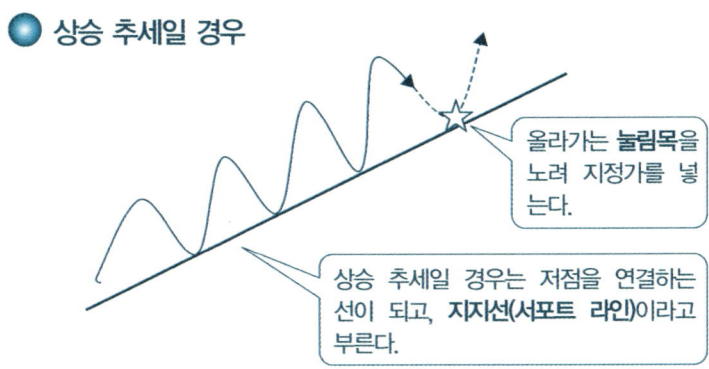

올라가는 **눌림목**을 노려 지정가를 넣는다.

상승 추세일 경우는 저점을 연결하는 선이 되고, **지지선(서포트 라인)**이라고 부른다.

● 하강 추세일 경우

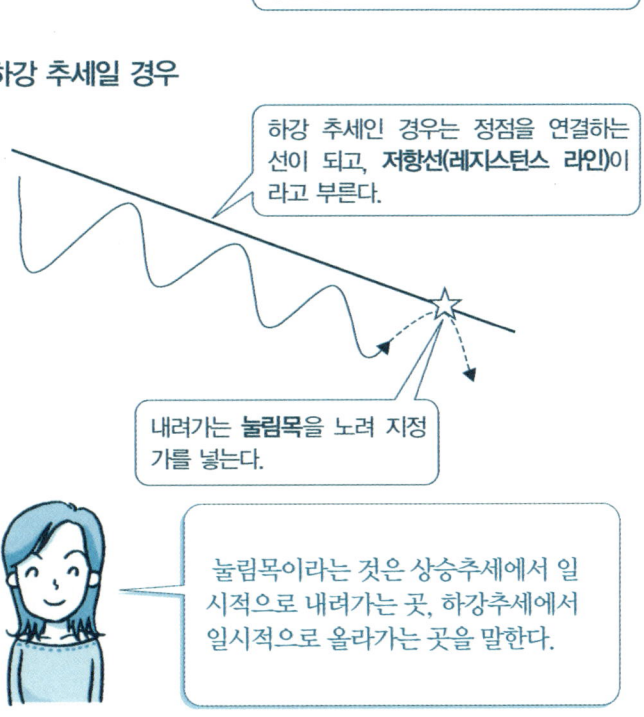

하강 추세인 경우는 정점을 연결하는 선이 되고, **저항선(레지스턴스 라인)**이라고 부른다.

내려가는 **눌림목**을 노려 지정가를 넣는다.

눌림목이라는 것은 상승추세에서 일시적으로 내려가는 곳, 하강추세에서 일시적으로 올라가는 곳을 말한다.

서 지정가로 주문을 넣어두는 것이다. 그리고 지켜보고 있지 않더라도 그 가격이 되면 자동적으로 주문이 성립된다.

지정가로 주문을 넣을 때 편리하게 쓸 수 있는 것이 추세선을 그어보는 것이다. 앞의 그림처럼 상승 추세일 때는 캔들 차트의 바닥점들을 연결하고, 하강 추세일 때는 캔들 차트의 상투 부분들을 연결한다. 이것을 몇 번이고 반복해보자.

포인트 !!!

① 바닥과 상투라고 생각되는 바로 직전에 지정가로 매도 주문, 매수 주문을 내어본다.
② 그때 차트상에서 추세선을 그어본다.
③ 컴퓨터를 끌 때, 다음날까지의 움직임을 예상해서 지정가로 주문을 넣어본다.

모의투자 3일차 지정가로 청산하는 연습

다음은 청산Exit할 때 지정가를 내는 연습이다. 청산할 때의 지정가 주문에는 이익을 확정하기 위한 '리미트Limit'와 손실이 일정 정도 이상 커지지 않게 하기 위한 '스톱Stop'이 있다.

매수 포지션을 갖고 있는 경우, 리미트Limit는 일정한 가치 상승, Stop은 일정한 가치 하락을 예측해서 주문한다. 매도 포지션을 갖고 있는 경우에는 그 반대로 한다.

타이밍을 가늠하여 주문하고자 한다면 이 리미트와 스톱을 넣어라. 처음에는 리미트와 스톱을 같은 간격으로 넣어보자.

익숙해지면 리미트를 크게 스톱을 작게 해보자. 나는 FX로 성공하기 위해 가장 필요한 것이 '크게 실패하지 않는 것'이라고 생각한다. 그러기 위해서는 스톱을 매번 반드시 넣어야 한다.

그렇지만 몇 번이나 스톱을 걸어 놓았는데(손실확정) 이후에 역방향으로 다시 회복되는 경우도 드물지 않게 일어난다. 그런 경험을 하게 되면 '너무 아깝다!'고 느끼기 때문에 스톱을 넣지 않으려는 사람이 생긴다. 나도 예전에는 그랬다. 하지만 스톱을 걸어놓는 것이 더 좋은 방법이다. 만에 하나 손실이 커지면 감당하기가 힘들어지기 때문이다. 어떤 경우든 이 정도의 손실로 끝나서 다행이라고 생각하자.

또한 스톱을 넣을 때는 스스로 지금이 주문 타이밍으로 적절한가를

스톱과 리미트란?

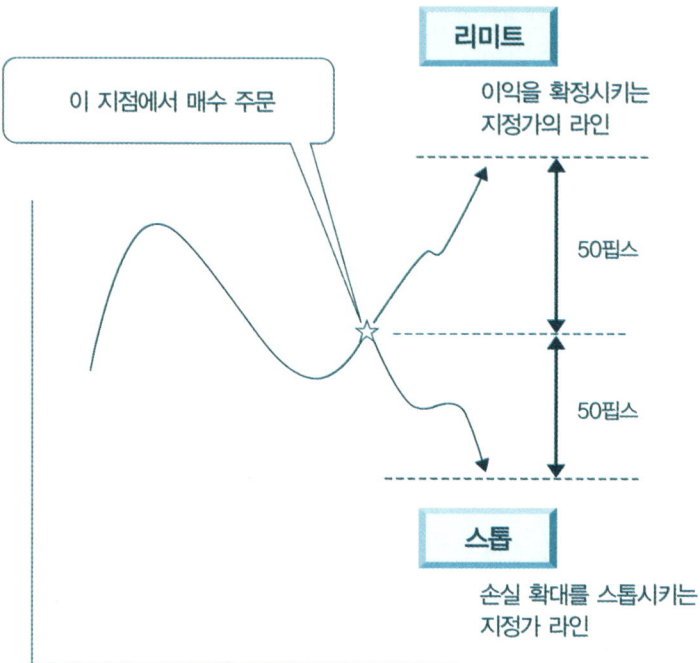

처음에는 리미트(이익확정)와 스톱(손절매)의 간격을 동일하게 넣어 보도록 하자.

반성하는 자료가 된다.

그러므로 스톱과 관계없이 자신 있는 타이밍을 포착하는 습관을 들이기 위해서라도 스톱은 항상 넣는 편이 좋다. 열 번 주문했을 경우 네 번 이하로 스톱에 걸리는 것을 목표로 해보자.

> **포인트 !!!**
>
> ① 매수 주문하여 스톱과 리미트를 같은 핍스 간격으로 넣어본다.
> ② 매도 주문해서 스톱과 리미트를 같은 핍스 간격으로 넣어본다.
> ③ 시세를 보면서 스톱과 리미트의 간격을 바꿔본다.

 캔들 차트의 기간을 바꿔가면서 추세를 판단하는 연습

　이제 서서히 거래 방법에 익숙해지지 않았는가? 납득이 되지 않는 부분이 있다면 처음부터 다시 한번 복습을 해야 한다.

　이제 다시 차트를 보는 방법으로 넘어가자. 지금까지는 15분 캔들 차트를 사용해왔다. 캔들 차트는 1분, 5분, 10분, 15분, 30분, 1시간, 2시간, 4시간, 1일, 1주간, 1개월 같이 기간별로 종류가 있다. 기간이 길수록 과거로 거슬러 올라간 데이터가 나오며 폭이 커지고 보다 장기적인 추세를 알 수 있다.

　1일 ⇨ 4시간 ⇨ 1시간 ⇨ 15분의 형태로 긴 기간부터 짧은 기간으로 표시를 바꿔가면서 각각의 추세를 파악해보자. 그러면 차트로 보아 딱히 어느 기간을 '상승 추세(혹은 하강 추세)'라고 말할 수 없다. 1일 차트와 4시간 차트에서는 상승 추세인데 15분 차트를 보면 하강 추세라는 식으로 큰 추세와 작은 추세가 거꾸로 되는 경우도 드물지 않다.

　기본적으로 추세가 상승기조이면 매수 주문을 넣고 하강기조라면 매도 주문을 생각할 수 있다. 그리고 큰 추세와 작은 추세가 같다면 (큰 이익을 노리고) 청산까지 길게 끄는 것이 좋다. 반대로 큰 추세에 반대되는 주문이라면 유의해서 조금 빨리 청산해야 한다. 큰 추세와 작은 추세를 보면서 거래하는 연습을 해보자.

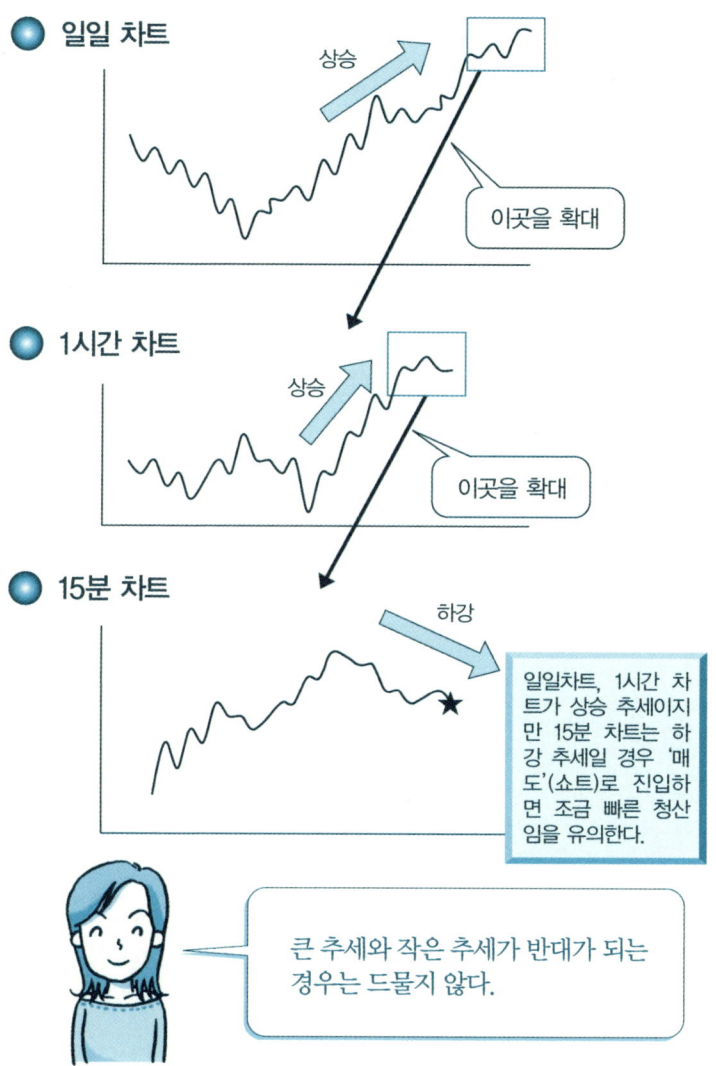

포인트 !!!

① 1일 차트, 4시간 차트, 1시간 차트, 15분 차트처럼 긴 시간에서 짧은 시간 쪽으로 이동하면서 각각의 추세를 확인한다.
② 상승기조에서는 매수, 하강기조에서는 매도로 주문을 해본다.
③ 큰 추세와 작은 추세가 다를 경우 빨리 청산을 하도록 한다.

 주말이 걸릴 경우의 연습

　5일 동안 모의투자를 하다보면 주말이 걸리는 날이 있을 것이다. 이번에는 주말의 거래를 경험해보자.
　FX는 평일이라면 24시간 거래가 가능하다. 그것은 전 세계 어딘가의 시장(인터뱅크 시장)에서는 외국환거래가 이루어지고 있기 때문이다. 그러나 시차가 있기는 하지만 토요일인 주말에는 어느 시장에서건 거래가 마감된다. 일본에서는 뉴욕시장이 닫힌 뒤인 토요일 이른 아침(보통은 오전 6~7시)부터 월요일 이른 아침(보통은 오전 3~4시)까지 시장이 닫힌다.
　주말이 걸릴 경우, 기본적으로 포지션은 모두 청산해두는 것이 좋다. 주말에는 자신의 거래를 재점검하고 인터넷이나 신문 등에 나온 한 주간의 환율 시세 변동과 다음 주 예상 시세 등을 살펴보는 것이 좋다.
　또 인터넷에서 찾아보면 외국환에 관계되는 중요한 지표가 언제 발표되는지 정리해둔 것이 있으므로 어떤 지표가 중요시되는지, 다음 주에는 어떤 지표가 발표되는지를 확인해두자.
　그리고 주초가 되면 시세의 움직임도 활발해지므로 반드시 일찍 일어나서 컴퓨터를 켜도록 하자.

FX에서 중시하는 중요한 경제지표들

미국	고용통계	실업률과 비농업 부문의 고용자 수 가장 주목도가 높다
	GDP(국내총생산)	경기 동향의 중요지표
	무역수지	기본적으로 적자기조이지만 예상과 어느 정도 벗어나 있는지가 중요
	소비자 물가지수(CPI)	인플레이션인지 어떤지가 금리 동향에 반영된다
	주택착공건수	경기를 판단하는 지표 중 하나
	FMOC (연방공개시장위원회)	미국 내 정책금리를 결정한다
유럽	ECB (유럽중앙은행위원회)	EU내 정책금리를 결정한다
일본	국내총생산(GDP)	경기 동향의 중요지표
	기업단기경제관측조사 (일본은행 단기관측)	최근 경기 동향의 기준이 되고, 금리정책에 영향을 준다

다음주에는 어떤 지표의 발표가 있을지 확인해두도록 하자.

포인트 !!!

① 주말에 거래가 멈추기 전에 기본적으로 포지션을 전부 청산한다.

② 토요일과 일요일 동안에 다음 주 시세 예상에 관한 정보와 중요지표 발표 예정일 등을 확인한다.

③ 주초에는 일찍 일어나 시세의 움직임을 확인한다.

 캔들 차트에 이동평균선을 더하여 추세 반전을 읽는 연습

주문 타이밍에 관해 다시 한번 생각해보자.

앞의 지정가 주문 부분에서 상승 추세와 하강 추세를 타면서 주문하는 방법을 간략히 설명했다. 그러나 보다 큰 이익을 내기 위해서는 가능하다면 하강에서 상승으로, 상승에서 하강으로 추세가 전환되는 지점을 찾는 것이 유리할 것이다. 이때 유용한 것이 이동평균선이다.

이동평균선은 과거 며칠 동안의 주가, 거래량, 거래대금 등을 평균 수치로 계산하여 도표화한 것이다. 6일, 25일, 75일, 150일, 200일 이동평균선 등이 있는데, 이것을 2봉 이상 표시해서 그 관계를 살펴보는 것이다. 이것은 매일매일 변하는 시세로는 파악할 수 없는 추세를 파악할 수 있기 때문에 투자 판단 지표로 널리 쓰이고 있다.

추천하는 조합은 책에 따라 다르지만 나는 보통 5일 이동평균선과 20일 이동평균선, 이렇게 2봉을 표시하고 있다. 그리고 20일 이동평균선보다 시세가 위쪽으로 움직이고 있을 때가 상승 추세다. 아래쪽으로 움직이고 있을 때는 하강 추세라고 본다.

또 5일 이동평균선이 20일 이동평균선을 아래에서 위로 통과할 때는 '골든크로스'로서 매수신호가 된다. 골든크로스는 단기 이동평균선이 장기 이동평균선을 아래에서 위로 급속히 뚫고 올라가는 상황을 말하며 강세 시장으로의 강력한 전환신호를 의미한다.

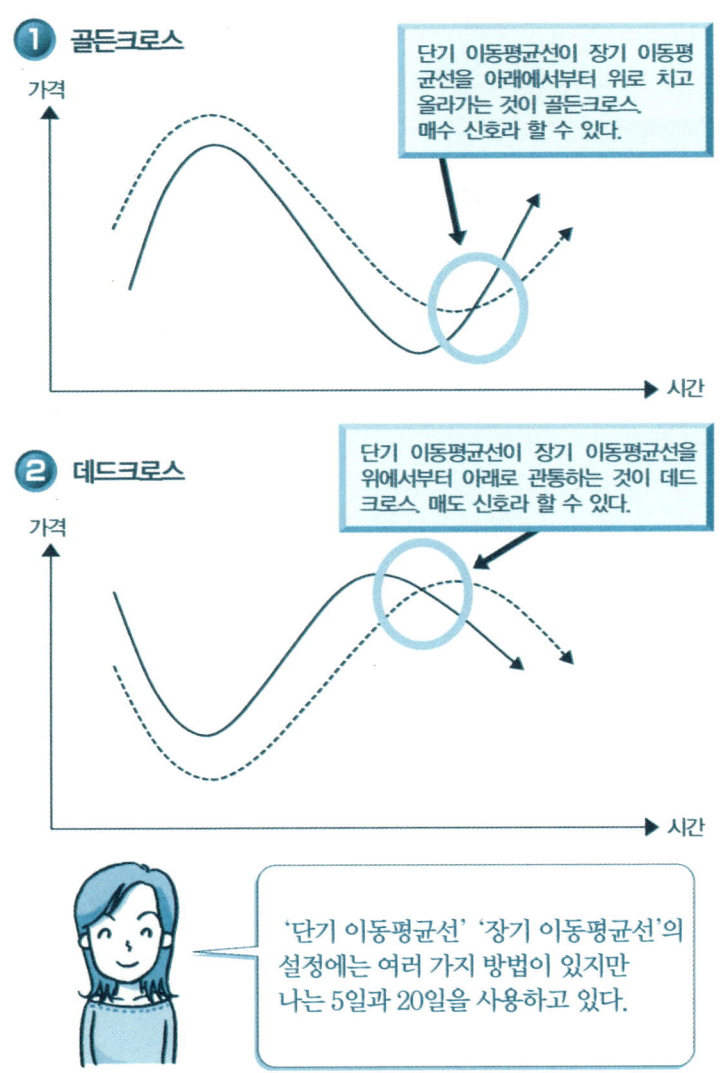

반대로 데드크로스는 단기의 이동평균선이 장기 이동평균선을 위에서 아래로 통과하는 것으로 매도신호이다. 이것은 반드시 몇 번이고 연습해보도록하자.

포인트 !!!

① 캔들스틱 차트에 이동평균선을 겹쳐본다(최저 2봉).
② 이동평균선의 기간을 여러 가지로 바꾸어 보고, 자신이 판단하기 쉬운 것을 선택한다.
③ 골든크로스, 데드크로스를 기준으로 주문을 해본다.

모의투자 7일차 주문량을 늘려보는 연습

이번에는 주문량을 늘려보자. 익숙해질 때까지는 최저 통화 단위(1만 통화 단위)로 거래하는 쪽이 좋지만, 슬슬 2lot(2만 통화) 혹은 3lot(3만 통화), 자신이 있다면 5lot(5만 통화)으로도 주문을 내보자.

나는 보통 1회 주문에 5lot에서 30lot(5만에서 30만 통화)까지 거래하고 있다.

거래하는 금액이 늘어나면 당연히 사용하는 증거금도 늘어난다. 그리고 1핍pip이 움직일 때의 이익과 손실도 당연히 몇 배로 늘어나게 된다.

거래를 하면서 이에 대한 감각을 반드시 갖고 있어야 한다. 예상한 대로 시세가 움직여서 이익이 점점 늘어날 때는 쾌감을 느낄 수 있지만 반대로 손실이 늘어나면 가슴이 철렁하는 법이다.

1lot으로 주문해서 상태를 보고 예상한 대로 시세가 움직이면 다시 추가로 주문하거나 상황에 맞게 나름대로 거래량을 바꾸는 방법도 연구해보면 좋을 것이다.

포인트 !!!

① 매매 타이밍을 포착했다면 주문하는 통화량을 늘려본다.
② 1핍이 움직일 때의 이익증감을 확인해본다.
③ 스톱을 반드시 넣어두고 있는지를 재확인한다.

모의투자 8~10일차 승리를 의식하며 거래하는 연습

이제 연습이 아니라 실전이라는 느낌으로 성공을 노려보자. '모의투자니까 적당히 해도 되겠지' 라는 생각은 금물이다. 모의투자에서 성공하지 못한다면 실전에서도 성공할 수 없다. 남은 3일간은 실전이라고 생각하고 승리를 의식하면서 자신이 성공할 수 있을지 어떨지를 판단해보자.

그리고 거래에 대해 기록해보자. 주문한 가격과 청산한 가격, 이익과 손실 금액, 그리고 왜 그때 주문했는지 혹은 왜 그때 청산했는지를 한마디라도 좋으니 자신의 판단기준을 글로 기록하도록 하자.

중요한 것은 승률이 아니라 전체적인 결과이다. 작은 손절매는 신경쓰지 않아도 좋다. 1승 9패라고 해도 전체적으로 플러스가 되었다면 성공이다.

> **포인트 !!!**
>
> ① 실제로 자기 돈으로 거래를 시작한다고 생각하고 승리를 의식한다.
> ② 거래의 기록을 남긴다.
> ③ 매번 거래마다가 아니라 하루를 통틀어서 성공하는 것을 의식한다.

여기까지 연습했을 때 전체적으로 플러스가 되었다면 실전에 임해도

좋을 것이다. 만약 성공하지 못했다면 다시 한번 순서를 밟아가며 연습해야 한다.

  또한 한 달 정도 실전 거래를 했는데도 하루 거래 전체에서 플러스가 되는 날보다 마이너스가 되는 날이 훨씬 더 많다면, 유감이지만 당신은 데이트레이딩에는 적합하지 않은 사람이다. 이런 사람이 FX를 한다면 외화를 저축한다는 느낌으로 스왑트레이드 정도를 하는 쪽이 좋다고 생각한다. 그렇게만 해도 은행예금보다는 훨씬 높은 이자수익을 얻을 수 있다. 투자에서는 자신에게 맞는지 안 맞는지를 판별하는 것도 매우 중요하다.

3장

1000만 원으로 월 1000만 원을 버는
5가지 필승 전략

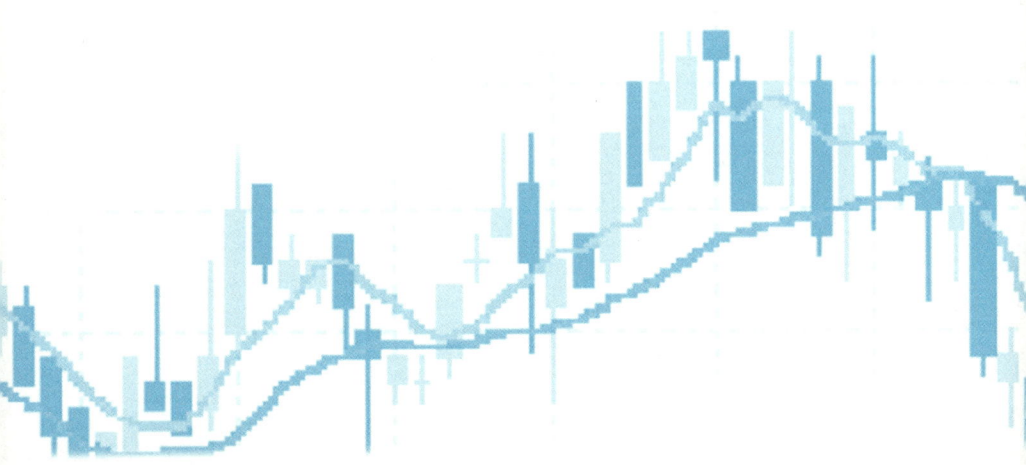

연속해서 성공하는 사람일수록
기준은 오히려 간단하다.
중요한 것은 그것을 철저하게 지키는 일이다.

하루의 목표를 정한다

이 장에서는 월 100만 엔1,000만 원을 버는 나의 비법을 설명하려고 한다.

월 100만 엔1,000만 원을 벌려면 주말을 빼고 20일간 거래한다고 할 때 하루 평균 5만 엔50만 원을 벌어야 한다. 만일 하루 10회 거래를 한다고 가정하면 1회당 5000엔5만 원을 버는 것이 기준이 된다. 물론 손실을 입을 수도 있고 크게 이익을 낼 수도 있을 것이다. 그러나 대략의 기준을 설정하는 것이 매우 중요하다.

당신도 우선 자신이 한 달에 얼마나 벌고 싶은지, 그것을 하루씩 계산하면 얼마가 되는지를 반드시 종이에 기록해보자.

 통화와 레버리지 선택에 대하여

| 통화 선택법 |

거래에 임하면서 맨 처음 해야 할 일은 통화 페어의 선택이다. 모의거래, 혹은 모의투자를 하는 동안 특별히 좋은 궁합이 없었다면 매도가와 매수가의 차(스프레드)가 작은 통화 페어(USD/JPY이나 EUR/USD)를 고르는

것이 좋다.

내 경우에는 시세 변동폭이 큰 쪽을 좋아하기 때문에 영국 파운드의 조합(GBP/JPY이나 GBP/USD, GBP/CHF)을 자주 선택하는 편이다.

자국 통화가 빠진 외화끼리의 조합에 대해서는 환율에 대한 감각이 떨어지는 사람들이 많다. 하지만 차트를 읽을 수 있게 되면 이는 별로 상관이 없어진다.

시세를 읽기 쉬운지 어떤지, 혹은 성공하는 경우가 많은지 어떤지의 궁합도 있다고 생각한다. 내 경우에는 지금까지 '달러USD/엔JPY'이 별로 궁합이 좋지 않았다. 일부러 궁합이 나쁜 통화를 선택할 필요는 없다.

시세를 읽기 쉬운 통화, 성공할 것 같은 통화 페어를 빨리 찾는 쪽이 절대 유리하다. 그런 의미에서도 모의거래에서 여러 가지 통화 페어를 시험해보도록 하자.

거래 대상을 한 개의 통화 페어만으로 한정하지 않는 것도 포인트다. 나는 지금 대략 6개의 통화 페어를 동시에 체크하면서 거래하고 있다. 익숙해지면 2~3개 정도가 좋은데, 복수의 통화 페어 차트를 보고 있는 쪽이 결과가 좋다고 생각한다. 각각이 어떻게 움직이는지 특징을 잡아내기 쉽고 주문할 기회도 많아진다.

| 레버리지에 대하여 |

실제 거래를 시작하기 전에 또 하나 중요한 것이 레버리지의 선택이다. 예를 들어 '달러USD/엔JPY'으로 1만 통화, 즉 1lot의 매수 주문을 넣었다고 하자. 그때 환율이 1달러=125.00엔이라면 엔으로 125만 엔의 포지션을 갖게 된다. 이 1만 통화의 거래에 필요한 증거금이 1만 엔이라고 한다면 '125만 엔÷1만 엔=125'이고, 레버리지는 125배가 된다. 만약 필요한 증거금이 10만 엔이라면 레버리지는 12.5배이다. 1달러에 대한 엔의 환율이 변하면 당연히 레버리지도 다소 변하지만 우선은 1만 통화를 거래하기 위해서 필요한 증거금의 증액을 확인하도록 하자.

실제로 회사에 따라서, 그리고 통화 페어에 따라서 그 금액은 상당히 다르게 나타난다. 가령 1만 통화 정도의 증거금이 5천 엔인 경우(파운드의 경우 레버리지가 약 400배)도 있다.

FX 입문서들을 보면 초보자는 별로 레버리지를 높게 하지 않는 쪽이 좋다고 쓰여 있다. '별로 높게 하지 않는' 것은 대략 3배에서 5배 정도가 아닐까 싶다. 확실히 '손절매'를 제대로 할 수 없는 사람이 레버리지를 높게 하면 큰 손실을 낼 위험성이 있다.

그러나 데이트레이드의 경우 나는 높은 레버리지로 거래에 임한다. 레버리지를 잘 살리는 쪽이 더 많이 벌 수 있기 때문이다. 지금은 최고 200배 정도의 계좌(회사)로 운용하고 있다. 자기자금(증거금)이 적은 사람도 역시 레버리지가 높지 않으면 별로 많은 돈을 벌지 못한다. 다만 레버

레버리지 계산 방법

$$\frac{\text{보유한 포지션의 총액}}{\text{그 포지션을 갖는 데 필요한 증거금의 액수}} = \text{레버리지}$$

 1만 통화당 1만 엔의 증거금이 필요한 경우…

달러/엔이 1달러 = 125엔에서 1만 달러 포지션을 갖는다면,

$$\frac{125엔 \times 1만 통화}{1만 엔} = \frac{125만 엔(포지션의 총액)}{1만 엔(증거금)} = 125배$$

파운드/엔이 1파운드 = 250엔에서 1만 달러 포지션을 갖는다면,

$$\frac{250엔 \times 1만 통화}{1만 엔} = \frac{250만 엔(포지션의 총액)}{1만 엔(증거금)} = 250배$$

 레버리지라는 것은 어려워 보이지만 계산은 간단하다!

리지가 높은 투자 운용은 리스크가 커지므로 그만큼 손절매Stop에 주의를 기울여야 한다.

손절매Stop의 폭을 너무 작게 하면 바로 걸리고, 반대로 너무 크게 하면 손실이 커져서 정말로 어렵게 된다. 이것은 경험과 연습을 통해서 노하우를 쌓는 수밖에 없다.

나도 아직까지 실전과는 별개로 모의거래를 통해 여러 가지를 검증하고 있다. '어떻게 해야 하나, 여기서 진입하면 안 될 것 같은 느낌이 드는데….' 이렇게 망설여질 때는 일단 모의거래 계좌에서 주문을 넣고 손절매Stop를 넣어 적절한가를 판단해보는 것이다.

그 결과 자신의 판단이 옳았다면 다음에 같은 타이밍이 올 때 자신을 갖고 진입할 수 있다.

| 자금관리에 관해서도 확실한 의식을 |

레버리지와 함께 중요한 것이 '자금관리'이다. 포지션을 많이 가지면 계좌에 남아 있는 증거금은 점점 줄어든다. 증거금이 적어지면 시세가 예상과 아주 조금만 반대방향으로 움직여도 마진콜과 강제청산에 걸리게 되어버린다. 또 막상 진입 기회일 때 계좌에 증거금이 적으면 마음먹은 대로 거래를 할 수 없다. 자신 있게 진입하자고 생각했음에도 증거금이 조금밖에 남아있지 않다면 안타깝게도 기회를 날려버리게 되는 것

마진콜이란?

마진콜

증거금을 많이 사용하거나
잠재손실이 증가하면
손절매할 것인지 증거금을 추가할 것인지
묻는 경고가 나온다.

이다.

평소에 자기가 계좌에 있는 증거금을 어느 정도 사용하고 있는지를 의식하고 있지 않으면 생각지도 못한 상황에서 퇴장당해 버리기도 하고 절호의 기회를 놓치기도 한다.

나는 거래 방법에 따라 계좌를 나누어 사용하고 있는데, 계좌마다 각각 자금관리를 하고 있다.

우선 데이트레이드의 경우는 계좌에 넣은 증거금의 3배 정도를 거래에 사용하고 있다. 그렇게 하면 한 번의 거래에서 주문 매수는 대개 5~30매(랏) 정도이다.

스왑트레이드 쪽은 계좌에 넣은 증거금에 대해 실질 환율의 3~5배의 포지션을 갖도록 하고 있다. 100만 엔^{1,000만 원}의 증거금을 스왑 계좌에 넣은 경우, 300만 엔^{3,000만 원}에서 500만 엔^{5,000만 원}에 해당하는 정도의 고금리 통화를 매수 포지션으로 갖고 있다는 뜻이다. 구체적으로 말해 달러/엔USD/JPY이라면 2~4lot, 파운드/엔GBP/JPY이라면 1~2lot이 된다.

빈번히 트레이드 하지 않아도 매일 스왑 금리차를 취하는 것이 가능하며, 차액으로 이익을 얻는 것도 기대할 수 있다. 하지만 반대로 환차손이 나는 경우에는 획득한 스왑 금리차 이상의 손실이 발생할 수도 있으므로 조심하자. 자금관리에 대해서는 반드시 스스로 여러 가지 방법을 생각해서 투자에 임해야 한다.

나의 자금관리 방법 (계좌에 100만 엔1000만 원)

● 나의 데이트레이드 계좌

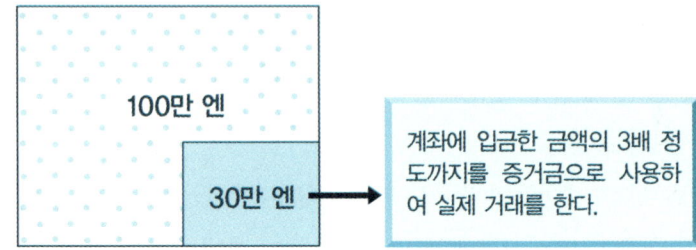

계좌에 입금한 금액의 3배 정도까지를 증거금으로 사용하여 실제 거래를 한다.

● 스왑트레이드 계좌

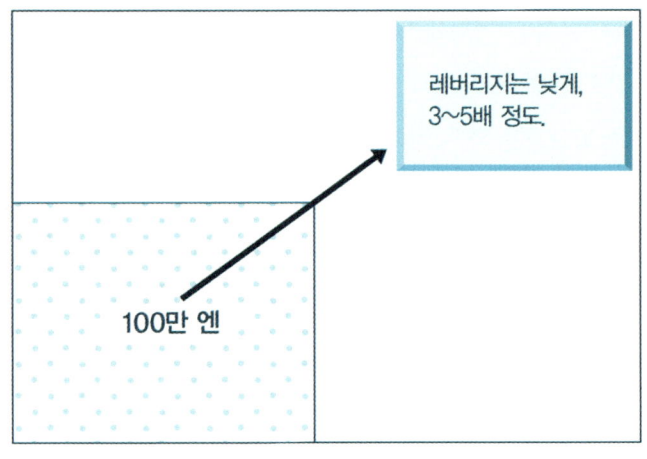

레버리지는 낮게, 3~5배 정도.

실제로 거래에 사용하는 증거금이 계좌에 있는 증거금 전체의 몇 배 정도가 되어있는지를 항상 의식하고 있어야 한다.

전략 1 거래 방법에 따라 별도 계좌를

| 전부 같은 계좌의 경우 |

1장에서 FX 거래에는 크게 다음과 같은 네 가지 방법이 있다고 이야기했다.

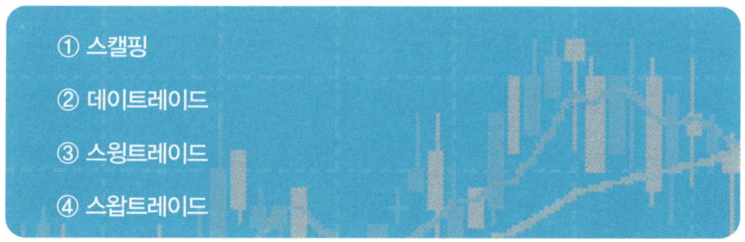

① 스캘핑
② 데이트레이드
③ 스윙트레이드
④ 스왑트레이드

이들은 각각 엄밀하게 구분되어져 있는 것이 아니라 대략의 방식이나 한 번의 거래 기간 등으로 분류한 것이다. 정확히 구분하는 선이 그어져 있는 것이 아니다.

한 회사의 계좌로 이 거래들의 패턴을 조합해서 투자해도 전혀 문제 될 것은 없으며 실제로 그렇게 하고 있는 사람들이 많다. 하지만 나는 그렇게 하지 않는 쪽이 좋다고 생각한다. 하나의 회사에서는 보통 하나의 계좌밖에 개설하지 못한다(타입이 다른 계좌를 복수로 만드는 경우도 있지만 별로 권장하지 않는다).

　전에는 나도 하나의 회사에서 하나의 계좌를 개설해서 데이트레이드과 스왑트레이드를 병행했다. 처음에는 데이트레이드과 스왑트레이드를 나눈다는 발상이 없었던 것이다. 그런데 그렇게 얼마가 지나자 주문 방식이나 청산 판단이 점점 애매해졌다. 치밀하게 생각하는 것이 아니라 그저 편의대로 처리하게 되었던 것이다.

　예를 들어 데이트레이드에서 구입한 포지션인데 손실이 커졌다면 '뭐 스왑 금리차도 있으니까, 스왑용으로 해두면 되지 않을까?' 하는 식으로 청산을 지연하기 십상이었다. 결국 **물린 상태**(포지션을 시세가 회복될 때까지 팔지 않고 가지고 있어서 자금이 묶이는 것을 말함)가 되어 자금이 묶여버린다. 그러면 모처럼 '여기서 진입하면 분명 돈이 될 텐데…' 싶은 타이밍이 왔을 때 계좌에 증거금이 없어서 주문할 수 없는 상황이 된다.

　갖가지 거래 방법을 뒤죽박죽 섞어서 하다보면 진입과 청산 판단도 모호하게 되기 쉽다. 스왑을 노린다면 금리가 높은 통화를 시세가 낮을 때 사는 것이 최고다. 그러나 데이트레이드에서 금리의 높고 낮음은 거래와 거의 관계가 없다. 시세의 움직임이 중요한 것이다. 이것을 구별하지 못하면 주문에 대한 판단력이 둔화되고 빗나가게 된다. 또 청산에 있어서도 스왑용으로 가지고 있어야 할 포지션인데도 환차액이 나오면 바로 청산해서 이익을 실현시켜버리는 일도 있다. 스왑트레이드에 대한 판단이 흔들려버리는 것이다.

　요컨대 데이트레이드를 하고 있을 때는 데이트레이드에 맞는 사고로 전환하지 않으면 안 된다. 스왑 포지션을 가졌으면 스왑에 맞는 발상을 해야 한다. 나는 이 구별을 할 수 있게 되면서 우선 데이트레이드 계좌에서 증거금이 묶이게 되는 일이 없어졌다. 그만큼 자금 효율이 좋아지고 기회를 포착할 수 있었기 때문에 당연히 더 많은 돈을 벌 수 있게 되었다.

3개의 계좌를 구분해서 사용

현재 나는 투자 방법에 따라 FX회사(계좌)를 별도로 이용하고 있다. 주력으로 하고 있는 데이트레이드 전용은 한 개뿐이다. 거의 매일 이 계좌로 거래하고 있다. 그리고 매월 월말에는 이 계좌에서 원금보다 증가한 금액을 출금한다.

스왑트레이드 계좌는 레버리지를 낮추어 외화 예금보다도 약간 높은 정도의 이자율을 노리는 방식으로 운용하고 있다. 스왑트레이드 계좌는 손절매하지 않고서 중장기적으로 운용하는 것을 전제로 한다. 1년에 몇 번 정도 특정한 통화가 폭락하기도 하고 엔고가 급속도로 진행될 때가 있다. 그 타이밍을 노려 구매하고 중장기적으로 운용하는 것이 요령이다. 주문할 타이밍을 알 수 없을 경우에는 서두르지 말고 증거금을 계좌에 그대로 넣어둔다.

스윙트레이드 계좌는 2~3일부터 1주 정도, 길어야 2주 정도 사이에

나의 계좌별 배분

● 시간 배분

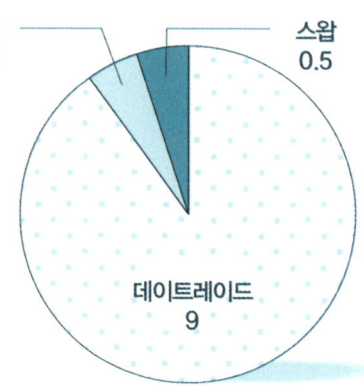

● 자금 배분

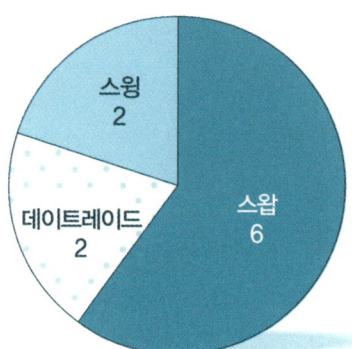

매일 데이트레이드로 벌어서, 그것을 스왑으로 돌려 금리를 번다는 것이 기본 구도이다.

청산한다. 스윙트레이드는 추세가 분명할 때는 하지만 흐름을 알기 어려울 때는 관망한다.

 이상 3개의 계좌에 관한 거래 시간, 에너지 배분, 자금(증거금)의 배분은 그림과 같다.

 매일매일 데이트레이드 계좌에서 돈을 벌고 그것을 스왑트레이드 계좌로 돌려 견실히 자금을 늘리는 것이 기본 구상이다. 여러분도 최소한 2개, 즉 데이트레이드 전용과 스왑트레이드 전용 계좌를 각각 준비하면 좋을 것이다.

전략 2 주력인 데이트레이드는 기술적 분석에 집중

| 왜 기술적 분석인가? |

솔직히 말해서 외국환 시세가 어떻게 해서 움직이는지 나는 잘 모른다. 여러 가지 요소가 뒤얽혀 올라갔다 내려갔다 할 것이다. 하지만 그런 것은 별로 문제가 되지 않는다. 중요한 것은 성공이다.

그러기 위해서는 기술적 분석Technical analysis에 집중해야 한다고 생각한다. 기술적 분석이란 시세의 움직임(상승과 하강의 추세, 폭, 변화율 등)에 주목하여 앞으로의 움직임을 읽고자 하는 사고방식이다. 시세는 오르면 내려가고 내려가면 오른다. 기술적 분석은 이러한 시세 움직임의 규칙성과 방향성에 주목하는 방식이라고 말할 수 있을 것이다.

이와는 반대로 세계의 정치상황과 경제적 환경 등에 주목하는 방법도 있다. 그것이 '기본적 분석Fundamental analysis'이라고 불리는 것이다. 주식의 경우 '경기가 좋아져 기업의 실적이 개선되었기 때문에 주가가 오른다'고 하는 분석이 그런 식이다. 외국환의 경우는 '통화간의 금리차가 어떻게 될까'라든지, '이익금 지급 시기가 되면 개인 투자가가 외화예금이나 외화 기준 투자신탁을 구입하므로 환율이 하락하기 쉽다'는 분석 등이 기본적 분석이다.

기술적 분석과 기본적 분석의 차이

기본적 분석

1. 경제 상황과 정치 동향 등 시세를 움직이는 외적 요인을 본다.

2. 구체적으로는 금리, 경제정책, 원유 가격, 주요 인사의 발언 등

3. 각각의 외적 요인이 시세에 미치는 영향을 예상한다.

4. 장기적인 추세를 찾는 방법이라고 할 수 있다.

기술적 분석

1. 차트를 본다(차트 분석이라고도 말함)

2. 캔들스틱차트를 시작으로 이동평균선, MACD, 스토캐스틱스 등

3. 과거 시세의 움직임부터 미래의 움직임을 예상한다.

4. 중단기의 추세를 찾는 방법이라고 할 수 있다.

나는 기본적 분석은 너무 복잡해서 잘 모른다.

그러나 나와 같은 개인투자자에게 기본적 분석은 너무 복잡해서 알기 어렵다. 전 세계의 경제 동향과 각 나라의 금리 동향 등 전문가들도 전부 다 분석하기는 힘들 텐데 초보자나 다름없는 내가 아무리 기본적 분석을 운운해도 소용이 없는 일이다.

그보다는 시세의 움직임, 요컨대 차트를 보고 오르락내리락하는 움직임에 신경을 집중하는 쪽이 효율적이다. 물론 기본적 분석을 완전히 무시하라는 것은 아니다. 중요한 경제지표가 발표될 때는 무리하게 거래를 하려고 하지 말고 시세의 방향성이 분명해지기를 기다리는 쪽이 유리하다.

| 주문 타이밍 |

데이트레이드에서 중요한 것은 주문의 타이밍이다. 이때의 기본은 떨어진다고 생각되는 부분에서 매수하고 올라간다고 생각되는 부분에서 매도하는 것이다. 그에 대한 판단은 캔들 차트가 기본이 된다.

72쪽에서 설명한 것처럼 상승기조일 때 캔들 차트가 어떤 형태를 보이면 거기서부터는 반전해서 내려갈 확률이 높다든가, 반대로 내려갔을 때 어떤 형태가 나오면 거기서부터는 반전하여 올라갈 확률이 높다든가 하는 경험적인 법칙이 있다. 이것은 아주 쉽게 알 수 있고 나도 이 경험적 법칙을 익혀서 참고로 하고 있다.

그런데 캔들 차트를 보고는 있지만 잘 모르겠다고 말하는 사람들도 많다. 그럴 때는 다시 제대로 공부해야 한다. 패턴을 모두 알고 있어야 할 필요는 없지만 기본적인 형태 정도는 머릿속에 확실히 넣어두지 않으면 결코 성공할 수가 없다.

데이트레이드에서 성공하는 사람은 역시 캔들 차트를 정확하게 읽고 있는 사람이다. 그것만으로도 성공할 확률은 확실히 커진다.

나는 또 이 캔들 차트에 이동평균선(특히 20일 이동평균선)을 겹쳐놓고 보면서 상승, 하강의 추세를 본다. 그리고 골든크로스와 데드크로스를 기준으로 주문을 넣는데, 시세가 반드시 그대로 움직인다고는 말할 수 없다.

차트에서는 상승 신호가 나오고 있음에도 실제 시세에서는 하락하는 거짓 신호를 '함정'이라고 부른다. 나는 '함정'을 피하기 위해 다른 분석을 조합시킨다. 내가 자주 쓰는 것은 MACD(장기 지수이동평균과 단기 지수이동평균의 차이를 이용한 지표)라고 불리는 차트 분석이다. MACD도 마찬가지로 골든크로스와 데드크로스를 기준으로 한다. 다만 MACD와 보통의 이동평균선이 그리는 크로스는 타이밍이 엇갈리므로 그 판단에는 역시 경험과 직감이 필요하다.

또 하나 내가 잘 사용하는 것이 스토캐스틱스(Stochastics, 일정기간 동안의 가격 변동폭을 토대로 현재의 가격이 해당 기간 동안의 가격 범위 중 어느 위치에 있느냐를 분석하여 현재와 미래의 추세를 예측하는 기법)라고 불리는 차트 분석이다. 이것은 그 통화가 많이 매도되는지 혹은 많이 매수되는지를 보는 것이다. 이것만 단독으로 보는 것은 아니지만 시세가 급속히 떨어지

주요 기술적 분석

종류	어떤 것인가	판단의 기준
MACD	Moving Average Convergence의 약사. 추세 변화를 찾는 데 도움이 된다.	· 2봉의 선이 교차하는 시점이 포인트. · 선행선이 퇴행선을 아래서부터 위로 관통하는 때가 골든크로스, 위에서부터 아래로 관통하는 때가 데드크로스.
슬로우 스토캐스틱스	시세가 매도세인지, 매수세인지를 판단하는 데 도움이 된다.	· 20 이하에서 매수세, 80 이상에서 매도세를 나타냄. · 단독으로는 이용하지 않고 반드시 다른 기술적 분석을 조합시킨다.
RSI	Relative Strength Index의 약사. 시세가 매도세인지, 매수세인지를 판단하는 데에 도움이 된다.	· 30 이하에서 매수세, 70 이상에서 매도세를 나타냄.
볼린저밴드	시세가 과거의 가격 추이에서 본 일정한 범위(밴드)에 있는지 어떤지를 판단하는 데에 도움이 된다.	· 밴드가 일종의 지지선, 저항선이 됨.

캔들스틱 차트, 이동평균선에 이것들을 더하여 판단한다.

고 있을 때 많이 매도되고 있다면 상승 추세로 바뀔 확률이 높다고 판단할 수 있다.

그밖에도 볼린저밴드Bollinger Bands라든가 RSI를 보기도 하지만 초보자는 우선 캔들 차트, 이동평균선, MACD, 스토캐스틱스 정도를 조합해서 타이밍을 판단할 수 있도록 훈련하면 된다.

여기서 독자들을 위해 몇 가지 실천적인 패턴을 실어두겠다. 하지만 이것은 어디까지 하나의 예일 뿐이고 반드시 성공한다고 보장할 수는 없다. 반드시 자기 나름의 연구와 훈련을 통해 실전에 임하도록 하자.

주문 실전 테크닉(1)

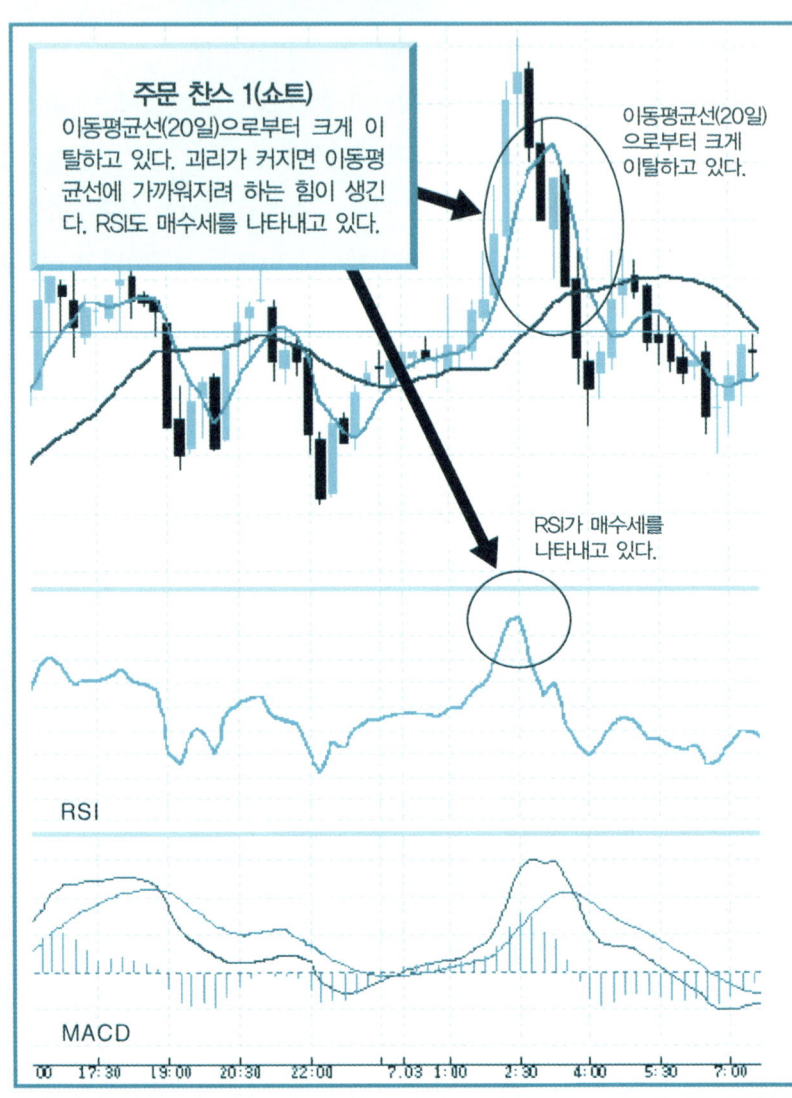

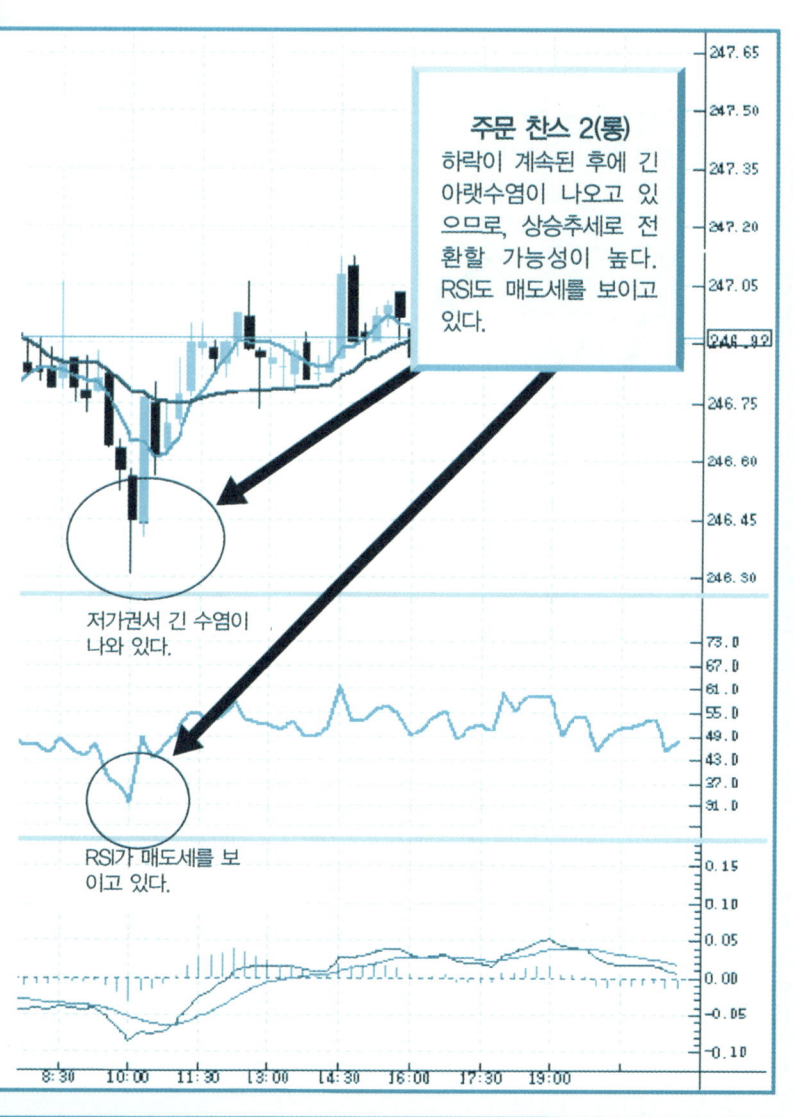

주문 실전 테크닉(2)

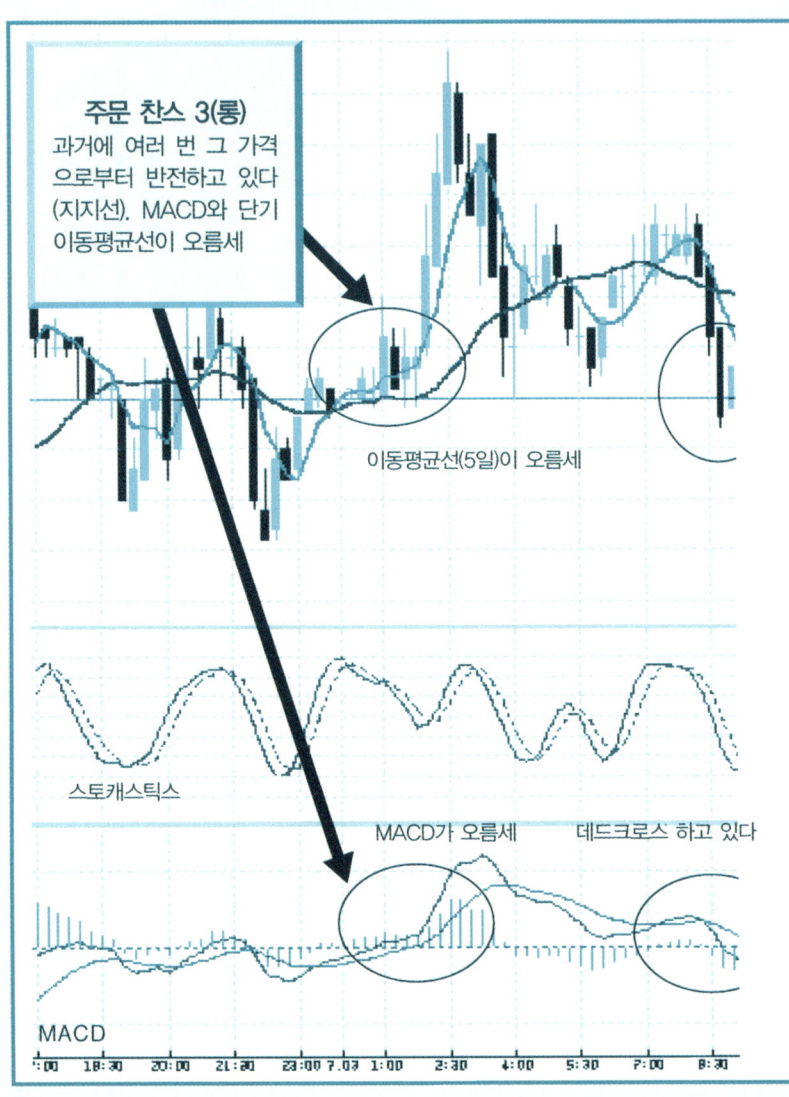

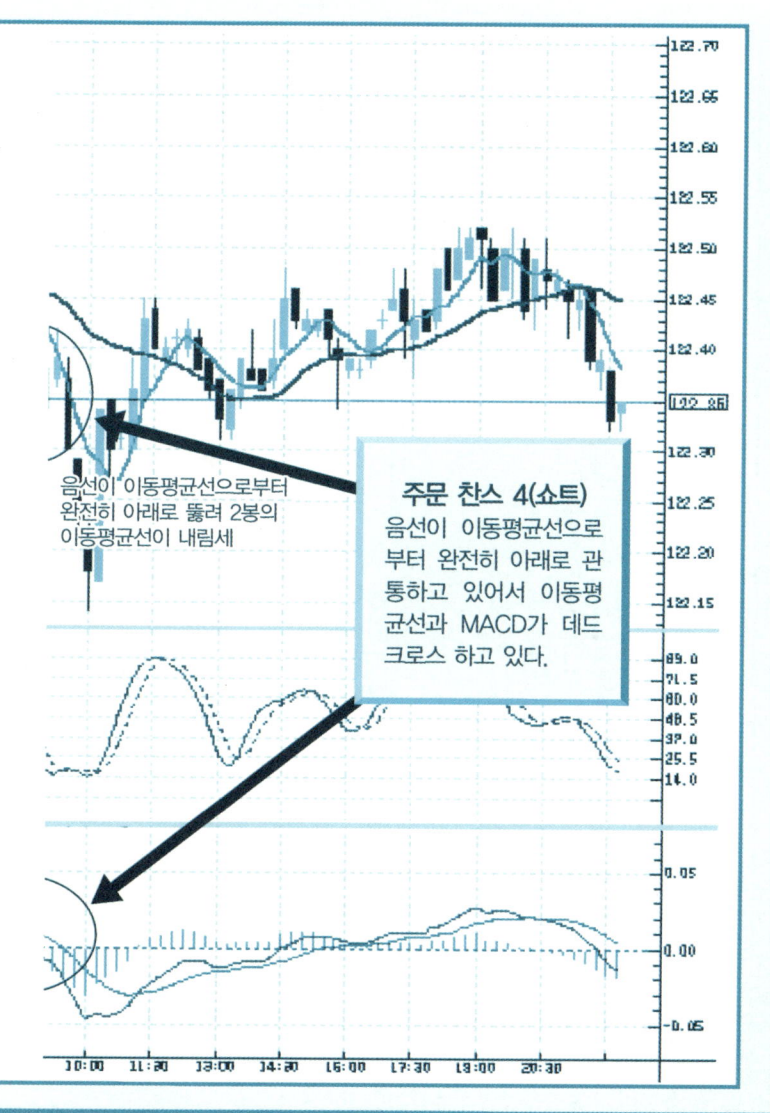

주문 실전 테크닉(3)

| 이익은 청산하고 비로소 확정 |

주문을 넣는 것은 캔들 차트가 기본이지만 거기에 여러 가지의 차트 분석을 더하여 판단하면 조금씩 잘해나갈 수 있게 될 것이다. 물론 흐름을 잘못 읽는 일도 있다. 그러나 실제로 이익을 확정시키기 위해서는 청산을 해야 한다. 이익은 최대한도로 끌어 올리고, 반대로 손실은 작을 때 재빨리 손절매하는 것이 기본이다.

해보면 알겠지만 손절매는 스톱Stop을 반드시 넣는 것을 통해 철저하게 지킬 수 있지만 이익을 늘리는 것은 좀처럼 어렵다. 예를 들어 나의 경우는 눌림목인 곳에서 추세가 정말로 반전하는 것이 아닐까 싶어 '이제 됐어, 여기서 청산하자'라고 생각하기 십상이다. 거기에서 또 오르기 시작하거나 계속 내려가면 혼란스러워져서 주문을 수정하고, 그렇게 하다보면 스프레드 때문에 이익이 감소하고 끝난다. 이익을 어떻게 크게 늘릴 것인지가 지금의 과제이다.

눌림목에서 방황하지 않을 한 가지 방법은 차트 표시를 캔들 차트에서 이동평균선으로 교체하여 참고하는 것이다. 이동평균선은 캔들 차트와 달리 시세가 상승 추세인지 하강 추세인지를 알기 쉽게 표시해주기 때문에 추세의 변화 시기를 가늠하기 쉽게 되어 있다. 물론 만능은 아니지만.

청산의 타이밍은 이동평균선을 참고로

● 캔들스틱 차트

캔들스틱 차트로 보면 윗수염이 긴 음선이 있고, 곧 정점 아닐까?

표시를 바꿔서

● 이동평균선

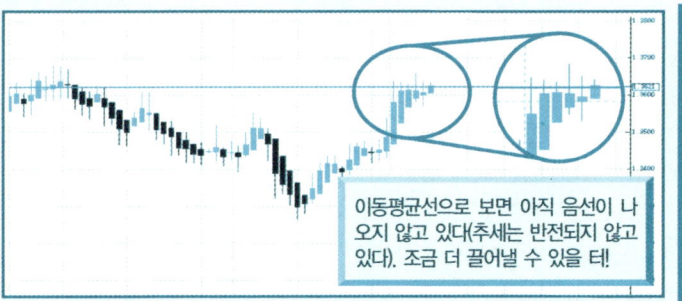

이동평균선으로 보면 아직 음선이 나오지 않고 있다(추세는 반전되지 않고 있다). 조금 더 끌어낼 수 있을 테!

나는 이익을 최대한으로 끌어내기 위해 이동평균선으로 판단하고 있다.

전략 3 손절매 loss-cut의 철저함이 실패하지 않는 요령

| 스톱을 넣는 방법 |

지금까지 몇 번 강조했던 바처럼 나는 스톱 Stop에 의한 손절매 loss-cut를 철저하게 할 수 있게 된 다음부터 지속적으로 돈을 벌 수 있게 되었다.

주문을 넣는 타이밍이 조금 나빠도 시세는 움직이고 있으므로 다시 돌아올 것이라고 생각하기 쉽다. 확실히 기다리고 있으면 상당한 확률로 돌아오기는 한다. 그러나 만에 하나 기다려도 결국 돌아오지 않았을 때는 아주 큰 손실을 입게 된다.

스톱을 넣는 몇 가지 방법이 있다.

첫 번째는 기계적으로 핍스 수를 정해서 넣는 방법이다. '스톱을 30pips 폭, 리미트는 50pips 폭' 같은 식이다. 나의 경우 자주 거래하는 '파운드/엔 GBP/JPY'에서는 시세의 움직임이 크므로 최대 100pips까지의 범위로 설정한다.

두 번째는 최근의 저가와 고가를 기준으로 하는 방법이다. 예를 들어 1시간의 캔들 차트로 봤을 때 10시간 전(캔들 차트 10봉 분)의 최고가와 최저가 부분에서 스톱을 넣는 것이다.

세 번째는 자금의 몇 %까지는 손해를 봐도 좋다고 보고 범위를 설정하는 방법이다. 나의 경우, 자금의 5%를 스톱 상한선으로 하고 있다. 예를 들어 100만 엔1000만 원이면 5만 엔50만 원까지의 손실을 감내한다. FX 회사에 따라서는 화면상에 손실액을 넣으면 자동적으로 거기에 대응한 시세율을 계산하여 스톱을 넣을 수 있기도 하다. 초보자에게는 허용범위를 금액으로 설정할 수 있는 이 방법이 수월할 것이다.

이상의 방법들 가운데 어느 쪽이 더 좋은지, 자신에게 어떤 것이 더 적합한지 알기 위해서는 거래를 하면서 연구하는 수밖에 없다. 다만 스톱Stop에 관해서만 연구해서는 역시 성공할 수 없다.

나는 스톱을 넣는 방식을 점점 바꾸어가고 있다. 처음에는 스톱을 전혀 넣을 수 없을 때가 있었다. 그러다가 기계적으로 핍스 수로 설정하게 되었고, 지금은 꽤 익숙해져서 그때그때의 상황에 따라 임기응변으로 판단하게 되었다.

현재는 움직임이 격렬할 때는 스톱 폭을 크게 잡고 움직임이 심하지 않을 때는 폭을 작게 잡고 있다. 저항선이나 지지선을 스톱의 기준으로 하는 경우도 있으며 이동평균선을 참고하는 수도 있다. 요컨대 주문을 한 근거에 따라 스톱을 넣는 방법을 바꾸어 1pip이라도 손실을 적게 내려고 노력하는 것이다.

또한 거래의 수에 따라 다르지만(수에 따라 1pip이 움직일 때의 손익 금액이 다르다), 예를 들어 5만 엔50만 원까지 손실을 허용한다면 우선 스톱을 넣어놓고 시세가 예상한대로 움직이면 차차 스톱의 위치를 변화시키는 방

스톱은 이렇게 넣는다

❶ 기계적으로 핍스 수를 정해서 넣는다

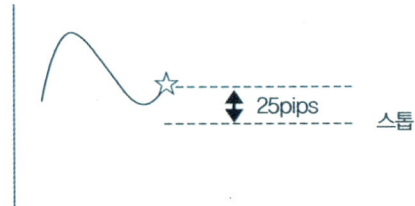

❷ 직전의 고가·저가를 기준으로 넣는다

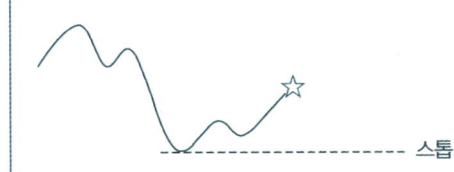

❸ 얼마까지 손실을 봐도 좋은 지를 기준으로 넣는다

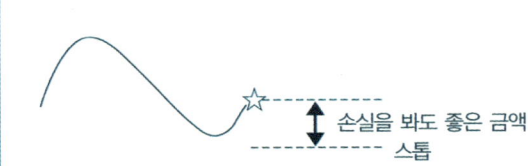

'이기는 방법'이 아니라 '패하는 방법'을 연구하는 것이 대단히 중요하다.

법도 흔히 쓴다.

반대로 스톱에 걸려 있어도 자기의 판단에 자신이 있다면 회복을 위해 랏lot 수를 두 배로 늘려 주문할 수도 있다. 거기에서도 또 스톱에 걸리면 다시 랏 수를 늘려서 주문한다. 물론 큰 추세를 확인 한 다음, 주문 신호가 명확하게 나온 경우에 한해서지만 1회차 2회차에서 실패하고도 3회차 4회차의 주문에서 이익이 나오는 경우도 많은 것이다. 이렇게 나는 스톱에 걸려도 기죽지 않고 주문을 넣을 기회라고 생각하면 몇 번이라도 주문한다. 보통 스톱에 한 번, 두 번 걸리다보면 두려워지지만, 나는 오히려 랏 수를 늘려서 주문하는 것이다.

이 방식을 맨 처음 실행할 때는 정말로 가슴이 떨렸다. 이것은 누구나 사용하는 테크닉은 아닐지도 모르지만 스톱을 넣는 방식을 날마다 의식해서 연구해온 나만의 성과가 아닐까 한다.

어쨌거나 '성공하는 방법'이 아니라 '실패한 방법'을 연구하는 것이 매우 중요하다. 이 점은 아무리 강조해도 지나치지 않다.

| 스톱은 시세에 맞추어 이동시킨다 |

나의 경우에 시세를 실시간으로 체크하고 있을 때는 스톱Stop만 넣고 리미트Limit는 넣지 않는다. 그리고 시세가 내 예상대로 움직이면 스톱 가격도 천천히 이동시킨다. 예를 들어 스톱의 폭이 30pips였다고 가정

해보자. 시세가 예상했던 대로 주문 시점에서 30pips 이동했을 때 스톱을 주문 시점의 가격까지 이동시킨다면 시세가 반대로 움직여도 최소한 본전이며 손실은 없게 된다. 그리고 시세가 예상한 방향으로 60pips 이동한다면 스톱을 다시 30pips 이동시켜 최소한 30pips의 이익을 확정시킨다.

이런 식으로 스톱을 세밀하게 변경하는 것으로 손해를 최소화하면서 이익을 실현시킬 수 있다. 이 방법이 귀찮다는 생각이 들 수도 있지만 항상 발생할 수 있는 손실을 의식하고 있는 것이 중요하다. 그리고 이 과정을 자동으로 실행하는 트레일링 스톱Trailing Stop, 차트가 이익이 나는 방향으로 움직임에 따라 스톱지점을 자동으로 변경하는 것이라는 기능도 있다. 물론 오랫동안 그대로 방치해두는 경우는 없다. 시세가 확실히 반전할 것 같이 되면 거기서 청산해야 한다. 청산하면 스톱도 자동적으로 취소된다.

차트를 보면서 하는 기술적 분석에 입각한 거래의 논리는 간단하다. 싼 지점에서 사고 높아지면 판다. 반대도 같다. 하지만 실제 그것을 어떻게 실행할지에 직면하면 여러 가지 기교나 결단, 그리고 속도가 필요하다. 그 점이 어려운 것이다.

전략 4 스왑 계좌는 어디까지나 마음의 버팀목

| 스왑의 약점 |

　스왑 계좌는 스왑포인트(금리차)가 목적이다. FX투자서들 가운데는 이 스왑포인트를 주된 목표로 설정하도록 설명하는 책도 있다. 금리가 낮은 엔(JPY)을 팔고 금리가 높은 파운드(GBP)나 뉴질랜드 달러(NZD) 등을 사서 금리가 늘어나는 것을 즐기면서 차츰 환차익도 얻는다는 것이다. 하지만 이렇게 할 경우는 환시세가 움직이면 손실이 늘어날 가능성이 있다.

　최근 2년 정도는 기본적으로 엔저 기조였지만 때때로 급격하게 엔고로 시세가 흔들리는 경우가 있다. 그렇게 되면 스왑을 목적으로 파운드와 뉴질랜드 달러를 많이 갖고 있는 사람은 큰일이 날 수도 있다. 나도 과거에 아픈 경험을 했었다. 실제로 환율이 크게 움직이면 그때까지 벌어둔 스왑포인트 따위는 바로 사라져버린다.

　스왑 중심의 FX투자에는 또 하나의 약점이 있다. 그것은 데이트레이드 상에서 손절매가 어렵다는 점이다. 원래 스왑포인트를 목적으로 하기 때문에 다소 시세가 떨어져도 '그러다가 또 돌아오겠지' 하고 참는 것이다.

주요 통화금리의 스왑 금리차 예(1만 통화 단위, 1일 기준)

통화 조합	매수의 경우, 1일 기준 스왑 금리차	레이트	
미국달러 / 엔	158엔	122.58엔	연리 4.7%
영국파운드 / 엔	351엔	248.88엔	연리 5.1%
호주달러 / 엔	161엔	106.32엔	연리 5.5%
뉴질랜드달러 / 엔	196엔	96.42엔	연리 7.9%
유로 / 엔	160엔	163.93엔	연리 3.5%

※ 2007년 7월 13일, '외위닷컴'의 예
※ '미국달러 / 엔'을 예로 들면 158엔×365일=5만 7670엔
　　　　　　　　　　　　5만 7670엔÷(122.58×1만 통화단위)=4.7%

FX 회사에 따라 상당히 차이가 있으므로 조사해보길 바란다.

스왑 중심의 FX투자는 확실히 간단하고 바로 할 수 있다. 그러나 그만큼 안이하게 생각하다가 점점 더 소용돌이에 휘말릴 위험성도 있는 것이다.

| 매수 시점에 유의한다 |

물론 나도 일정한 금액을 스왑 계좌에 넣고 있다. 그러나 주된 투자는 어디까지나 데이트레이드다. 스왑은 덤 정도로 설정하고 있다.

데이트레이드에서는 반드시 실패하는 경우가 있다. 때로는 몇 번이나 연속해서 스톱에 걸리기도 한다. 투자이므로 그것을 막을 방법은 없다. 그럴 때는 조금이지만 매일 잔고가 늘어나는 스왑 계좌가 있는 것이 마음의 버팀목이 된다.

문제는 스왑 계좌에서의 거래 방법일 것이다. 나는 엔이 상당히 높아졌을 때와 다른 통화들 중에서도 너무 많이 팔린 통화(금리가 높은 것에 한해서)가 있을 때, 1년에 몇 번만 구매를 한다. 그밖에는 스왑포인트가 붙는 방식(매일 변화한다)과 시세를 체크하는 정도다.

그런 의미에서는 스왑용 통화에 미리 목적을 만들어두는 것이 중요하다. 금리가 높은 통화와 낮은 통화의 조합(스왑포인트가 높은 조합)을 조사하여 환시세율과 대조하면서 비교적 쉽게 금리가 높은 통화를 살 수 있는 시점을 가늠하는 것이다.

스왑 계좌는 데이트레이드 계좌와는 달리 장기보유를 전제로 하며, 손절매는 기본적으로 고려하지 않는다. 그러나 경우에 따라서는 손절매가 필요하게 될지도 모른다. 그 때문에 레버리지는 3~5배 정도가 적당하다.

이처럼 스왑 계좌는 레버리지 관리를 철저하게 해야 하고 통화의 선택과 조합의 방법에서도 여러 가지 노력과 연구를 해야 할 여지가 있다. 여러분도 연구와 훈련을 통해 나름대로의 방법을 찾길 바란다.

전략 5 '투자노트'로 자신을 점검한다

| 매일 트레이드 내용을 메모 |

나는 FX와 진정으로 마주하게 되고나서 거래 내용을 매일 노트에 기록하고 있다. 어느 정도 주문해서 어느 정도 청산했는지를 적는다. 스톱에 걸렸을 때는 스톱의 금액을 적어놓는다.

이전에는 주문 가격만 적었지만 최근에는 왜 그때 주문을 했는지, 캔들스틱의 모양이 어땠는지, 골든크로스였는지 데드크로스였는지 등등 그 근거와 이유도 같이 기록한다. 이렇게 기록을 하기 시작하자 시세를 보는 눈이 더 높아지게 되었다.

초보자들은 적당한 가격이라는 느낌으로 주문하는 경우가 많다. 명명하자면 '적당히 진입하기'다.

때때로 나도 '적당히 진입하기'를 하는데, 예를 들어 기세 좋게 내려가고 있으면 '아, 이 파도를 타고 싶다'고 생각하고 황망히 쇼트(매도 주문)해버리는 것이다. 하지만 그것만으로는 너무나 근거가 부족하다.

하지만 기록을 생활화하면 캔들 차트가 이렇다든지, 이동평균선이 이렇다든지, 뭔가 큰 뉴스가 있다든지 등, 자기 나름의 이유를 꼼꼼히 따지면서 주문하는 것이 가능해진다.

나의 투자노트 기입 예

11월 07일

금주의 목표: 2,500,000 원

	통화종목	주문 내역	청산 내역	수량 (lot)	Pips	금액	스왑
①	달러/엔	123.57	123.26	10	31	310,000	-1,580
②	파운드/엔	247.01	246.46	10	55	550,000	-3,310
③	파운드/엔	246.14	246.76	10	-62	-620,000	
④	달러/엔	123.19	123.06	10	13	130,000	
⑤	파운드/엔	246.12	245.90	20	22	440,000	
				59		810,000	-4,890

+761,100

오늘의 중요 지표

23:00 (미) 신축주택 판매건수
　　　　전회 98.1 만건　　예상 92.2만건
(미) 소비자 신뢰감 지수
　　　　전회 108.0　　예상 105.0

반성과 이후의 작전

파운드/엔　　　　달러/엔

결과
신축주택 판매건수
　91.6만건
소비자 신뢰감 지수
　107.9

오늘 첫 돌파로?

단기 이동평균선은 상승
하지만 캔들은 커지고 있음
6월 고가돌파에서 양봉 → 음봉

시세의 반전? 아니면 눌림목?
매수당!

주문을 넣는 시간이 그다지 걸리지 않으니까
주문은 어느때보다 신중하게!
★ 스톱과 리미트 넣는 걸 잊지 않도록 주의!
　코마쿠는 오랜만에 패배

반성
　③의 주문 -
　돌파 다이브를
　무리하게 잇던
　멤버이라고 재무를
　했으면 돌입을 면해...

목표달성도: ★☆☆☆☆　　목표까지 _____ 원!

자기 나름의 판단이유를 써두자!

기술적 분석에 입각한 거래를 하는 경우, 주문하는 시점에 대한 판단 기준이 있고 그것으로 적합하지 않는 한 진입하지 않는다는 것이 원칙이다. 자신만의 주문하는 기준을 만들어두고, 주문할 때는 반드시 그 기준에 합당한지를 확인하자. 이것이 기술적 분석에 입각한 투자로 성공하기 위한 대원칙이다.

나의 경우 진입 기준은 5~7개 정도로 정해두고 있다. 매우 간단하다. '뭔가 특별한 방법을 쓰고 있지 않을까?' 하고 생각하는 사람들도 있겠지만 특별한 것은 전혀 없다. 연속해서 성공하는 사람일수록 기준은 오히려 간단하다. 중요한 것은 그것을 철저하게 지키는 일이다. 그리고 그 원칙들을 상황에 따라 적절하게 바꿔가는 것이다. 여기서는 무엇보다도 훈련과 실전을 통한 감각이 중요하다.

| 투자노트의 힘 |

나의 경험을 토대로 최근 〈FX 투자노트〉를 만들어 메일매거진과 블로그에 소개했더니 예상 외로 많은 사람들이 받아보고 싶다고 주문했다. 여기서는 그 중 한 분으로부터 받은 이메일을 소개하겠다.

> 안녕하세요.
> 얼마 전부터 마유미 씨의 블로그를 애독하고 있습니다. 〈투자 노트〉에

관한 일로 한 말씀 드리고 싶어서 메일을 보내게 되었습니다.

〈투자 노트〉를 구독하게 된 이유는 단 한 가지, '스스로 정한 원칙을 깬다'는 나쁜 습관을 버릴 계기를 삼기 위해서였습니다.

예전부터 엑셀과 워드를 사용해서 매일의 거래를 자세하게 기록하고 반성할 점과 이후의 전략을 트레이드 일지에 써왔는데도 도무지 거래 원칙이 착실하게 지켜지지 않았습니다.

업무나 일상생활에서는 스스로 결정한 것을 잘 해내는 타입인데, FX만 하면 고집이 생기고 감정적이 되어 나쁜 의미에서 공격적이 됩니다. 본성이 드러나는 것일까요?

그래서 마유미 씨와 요요카 씨의 투자 노트를 모두 참고해도 원칙이 잘 지켜지지 않으면 FX를 깨끗하게 그만두기로 '결심하고' 그런 의지를 노트에 썼습니다.

맨 처음 한 달은 전혀 개선되지 않았고 노트는 나 자신에 대한 분노와 반성의 말들로 가득차서 보기도 무참한 상태였습니다. 하지만 2개월째부터는 룰의 위반이 눈에 띄게 줄어들기 시작했습니다.

지난주부터는 스스로 결정한 주문 조건이 하나라도 부족하면 포지셔닝을 보류하는 일이 점차 가능해졌습니다.

워드로 써온 많은 생각들이 그때까지는 완전히 잠재의식에 들어가 있지 않았던 것 같습니다.

까맣게 잊고 있던 자필기록의 위력을 깨달을 기회를 주신 마유미 씨께 마음 깊이 감사를 드립니다. 물론 마유미 씨와 요요카 씨의 바람이 담긴

> 노트였기 때문에 기적이 일어난 것이라고 생각합니다.
> 　잠재의식을 이야기하자면, 10년 쯤 전에 전업에 대한 희망이 생겨 이를 일기에 기록했습니다. 태연하게 '나는 올해 안에 지금 하는 일을 그만두고 ○○으로 생계를 꾸린다'고 썼는데 그대로 되었습니다. 그런데 수입은 이 정도면 괜찮다고 아주 낮은 금액을 썼는데 또 그대로 되었습니다.
> 　그러니까 마유미 씨의 '결정하고 선언하자'는 말씀에 고개를 끄덕일 수밖에 없습니다. 저에게 FX를 계속할 기회를 주셔서 정말로 감사합니다.

　나는 자필로 쓴 기록의 위력은 절대적이라고 생각한다. 예를 들어 나의 경우 '나의 트레이드 원칙'을 쓴 작은 메모지를 컴퓨터 앞에 붙여놓고 있다. 텔레비전 방송국으로부터 취재 요청을 받았을 때는 쑥스럽다고 생각했지만.

　같은 말이라도 키보드로 컴퓨터에 입력하는 것과 펜을 사용해서 직접 자필로 쓰는 것은 전혀 효력이 다르다는 것을 몇몇 책에서 읽은 적이 있다. 나는 투자와 관련된 서적을 읽고 세미나에 참가하면서 공부한 것들을 정리하기 위해 전용 노트를 사용하고 있는데, 무의식중에 '자필'에 구애받고 있었던 것 같다.

　지금은 수첩이 유행이기 때문에 여러 가지 수첩과 수첩책이 나오고 있다. 그만큼 '쓰는 것의 효과'를 실감하고 있는 사람이 많은 것이 아닐까 하고 생각한다.

수첩에 적고 반복해서 보는 것, 그것만으로도 당신 속에 잠자고 있는 성공 유전자가 눈을 뜰지도 모른다!

자 이제 이상의 다섯 가지 스텝을 밟으면 당신도 꼭 FX에서 좋은 결과를 남길 수 있을 것이라고 믿는다. 물론 이것으로 반드시 성공하리라고 보장하는 것은 아니다. 나는 지금까지 잘해왔지만 사람에 따라서는 다를 수도 있다. 중요한 것은 당신 나름의 성공률을 찾아내는 일이다. 내 경험이 거기에 힌트가 될 수 있다면 매우 기쁠 것이다.

4장

손해 보는 사람
실패하는 사람들의 공통점

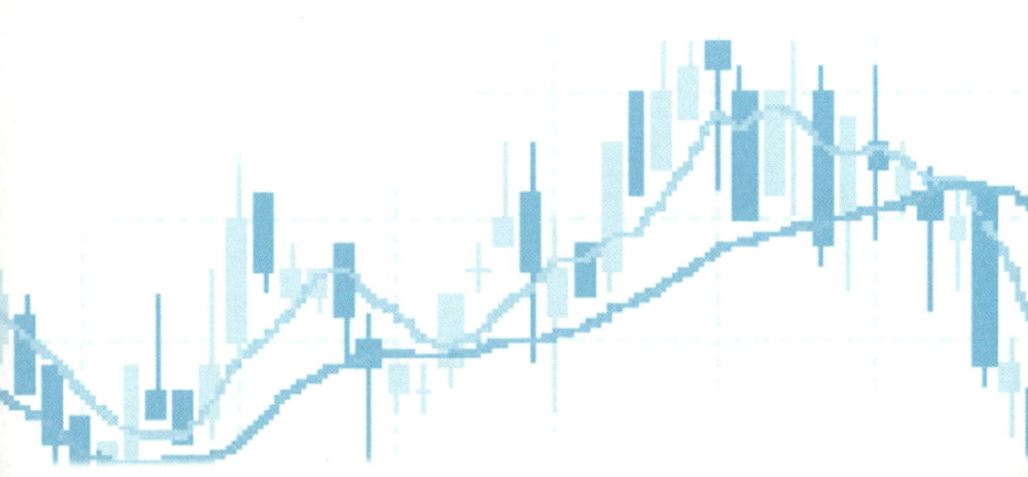

성공의 체험은 의외로 실패의 시작이 될지도 모른다.
나는 그 점을 의식하는 것만으로도
상당히 차이가 생길 수 있다고 생각한다.

실패에는 반드시 원인이 있다.

　FX는 어떻게 하느냐에 따라 나와 같은 보통 주부라도 간단히 돈을 벌 수 있다. 그러나 실제로는 성공하는 사람보다 실패하는 사람이 더 많지 않을까? 투자계에서는 개인투자가 중에서 90%가 손실을 보는 것으로 알려져 있다.

　실패하는 것에는 반드시 무언가 원인이 있는 것이다. 물론 예측할 수 없는 외부적 원인 때문에 시세가 심하게 요동치는 경우도 있을 것이다. 하지만 내가 보기에는 시장보다는 투자하는 사람 쪽에 문제가 있는 경우가 더 많은 것 같다.

　여기서는 나 자신의 실패와 주변에서 보고 들은 실패들을 정리하면서 나온 실패하는 사람들의 공통점을 소개하려고 한다. FX를 시작하는 사람이라면 '이렇게 하지는 말자!'는 교훈으로 생각하고 살펴보자.

| 손절매를 할 수 없다 |

　실패의 유형 중에서 가장 많은 것이 '손절매를 할 수 없다'는 것이다. 몇 번씩 스톱에 걸리다보면 스톱에 걸리기만 하고 자금이 점점 줄어드는 것에 신경이 쓰여 아예 스톱을 넣지 않게 된다. 하지만 시세가 예상했던 것과 다른 방향으로 크게 움직였을 때는 금방 후회하면서 이렇게 말

FX로 손실을 보는 사람, 실패하는 사람의 공통점

첫 번째	손절매를 할 수 없다.
두 번째	'과거에 잘했었으니까 이번에도 잘할 것이다'라고 굳게 믿고 있다.
세 번째	'포지션병'에 걸려있다.
네 번째	'승률'과 '속임수'에 지나치게 구애받는다.
다섯 번째	본인 이외의 것에 지나치게 의존한다.
여섯 번째	자기 나름대로의 원칙이 없다.
일곱 번째	감정에 좌우된다.
여덟 번째	간단하게 이길 수 있는 특별한 방법이 있다고 생각한다.
아홉 번째	상황이 나빠지면 바로 '물린 상태' '물타기'로 치달린다.
열 번째	꾸준히 성공해서 크게 실패한다.

FX에서 좀처럼 이기지 못하는 사람은 해당되는 항목이 없는지 체크를.

한다. "스톱만 넣었어도 이렇게 되지는 않았을 텐데…." 인간이란 참 간사한 동물이다.

손절매loss-cut를 할 수 없는 사람의 거래는 '크게' 실패하는 결과가 나오기 쉽다. 꾸준히 성공하다가도 한 번의 실패 금액이 크기 때문에 결과적으로 마이너스가 되어버린다. 요컨대 승률은 좋지만 수익은 마이너스인 것이다.

아무리해도 손절매가 불가능한 사람은 레버리지를 최대한 낮추고 스왑트레이드 감각으로 거래할 것을 권한다. 누누이 강조하지만 손절매야말로 투자에서 성공하기 위한 최대의 비밀을 숨기고 있다.

| 지난번에 잘했으니 이번에도 괜찮다고 믿는다 |

나는 트레이드에서 자신의 경험을 무엇보다도 중요시한다. 다른 사람이 하는 말이나 책에 써있는 것을 곧바로 믿지는 않는다. 반드시 모의투자로 검증해보고 잘 되었을 경우에야 비로소 신용한다. 다만 아무리 자신의 경험이 중요하다고 해도 '지난번에 잘했으니 이번에도 괜찮아'라고 확신하는 것은 위험하다.

예를 들어 자신이 가지고 있는 통화가 폭락해서 유지율이 위험해졌는데도 끝까지 버티다가 결국 회복되었다는 경험 등이 그렇다. 이럴 때는 이전에 괜찮았으니 이번에도 그렇게 될 것이라는 근거 없는 낙관을 하게 된다.

성공의 체험은 의외로 실패의 시작이 될지도 모른다. 나는 그 점을 의식하는 것만으로도 상당히 차이가 생길 수 있다고 생각하는데, 여러분은 어떤가?

| '포지션병'에 걸려 있다 |

트레이드를 하면 당연히 포지션을 갖게 된다. 시장 상황을 보고 있으면 어쨌거나 '사고 싶다' 거나 '팔고 싶다'는 생각이 일어나는 것이다. 특히 모두 청산을 해서 포지션이 없어졌을 때, '좀 더 벌고 싶다' 혹은 '손실을 빨리 만회하고 싶다'는 욕망이 강해지면 명확한 주문 신호를 확인하지도 않은 채 여러 가지 통화 조합을 물색해서 근거도 없이 주문해버리는 경향이 있다.

포지션을 모두 청산한 뒤에 또 곧바로 다시 진입하고 싶어지는 증상, 즉 포지션이 없으면 안절부절못하며 포지션을 갖고 싶어 하는 병을 일컬어 '포지션병'이라고 한다.

이 병은 확실히 치료해야 한다. 왜 거기서 주문을 넣어야 하는지를 자신의 언어로 분명히 설명할 수 없는 주문은 결코 해서는 안 된다. 확실히 성공할 수 있을 때에만 주문하는 것이 좋다.

물론 데이트레이드를 하는 이상 1주든 2주든 아무런 거래도 하지 않고 있을 수는 없다. 하지만 하루정도 건너뛸 수는 있다. 물론 하루 동안 전혀 기회가 없지는 않을 테지만.

　이 병에 대한 대책은 스스로 주의하는 수밖에 없다. 자신의 생각이 앞에서 언급한 것처럼 되었을 때는 '포지션병'일 가능성이 있다. 의식적으로 한 호흡 간격을 두자.

| '승률'과 '분석'에 집착한다 |

　FX 관련 메일매거진 등에서 종종 눈에 띠는 것이 '승률 90% 이상'이라는 선전문구다. 이것을 어떻게 생각해야 할까?

　승률이 높아 아주 잘하는 것처럼 보이지만 전체적으로 잃고 있는 사람들이 있다. 한 번의 손실이 크면 9승1패(승률 90%)로도 마이너스 수익이 되는 것이다.

　승률에 집착하다보면 문제가 되는 것이 손절매를 하지 않게 된다는 점이다. 주문한 포지션을 계속 갖고 있으면서 플러스가 되기를 기다려 청산하면 승률은 당연히 올라간다. 요컨대 승률을 올린다는 것은 계속 버티면서 어떻게든 이기겠다는 발상이다. 그리고 초보자일수록 승률 100% 같은 것에 크게 집착한다. 하지만 잠깐!

　투자 자금이 아주 많다면 모를까 기다리느라 묻어놓고 있는 자금이 눈덩이처럼 불어나 자금 효율이 악화되고 최악의 경우에는 강제청산을 당할 위험성에 처하면서도 계속 버틴다는 것은 정말로 어리석은 일이다.

또한 '분석'에 집착하다가 함정 타이밍에 자꾸 마음을 뺏기는 사람도 많다. 매수와 매도 시점을 어떻게 판별할지에 대한 요령이 분명하다고 해서 그것만으로 실제 이익과 손실이 생기는 것은 아니다. 포지션을 청산하고 나야 비로소 이익이나 손실이 확정된다는 점을 잊지 말자.

승률도 분석도 승리를 위해서는 중요한 포인트가 되지만 그것으로 모든 것이 결정되는 것은 아니다. 허술한 청산으로는 이대손소利大損少, 이익을 극대화하고 손실을 최소화한다를 실현할 수 없다. 진정한 성공이란 무엇인가? 그것은 수중에 이익이 남는 것이다. 그것을 잊고 승률과 분석에 지나치게 구애받는 것은 본말전도라고 생각한다.

| 남의 생각에 지나치게 의존한다 |

흔히 '투자는 자기 책임'이라고 한다. 투자를 해본 사람이라면 과연 그렇다고 느낄 것이다. 그러나 이 말의 의미는 매우 깊다. 스스로 생각하고 판단하고 책임도 전부 자신이 진다는 것으로, 투자에서는 자기가 생각하고 자기 나름의 답을 내고 그 결과에 책임을 질 각오가 없는 사람은 성공할 수 없다.

남이 말하는 것, 인터넷 상의 정보에 휘둘리는 사람들은 대개 실패한다. 그리고 실패하고 있을 때일수록 그런 쪽에 귀를 더 기울이는 법이다.

FX에도 인기 블로그가 있어서 이번 주의 예상 환율이나 차트 분석이 아주 자세히 소개된다. 물론 참고하는 것이 나쁘지 않다고 생각하며 나도 여러 가지를 참조하고 있다. 하지만 의존하지는 않는다. 최후의 판단은 반드시 나 스스로 한다. 이것이 철칙이다.

| 자기 나름의 원칙이 없다 |

이 역시 마찬가지다. FX로 손실을 보는 많은 경우가 아무 생각도 없이 단순한 직감이나 즉흥적인 생각, 그때그때의 기분에 따라 거래하는 사람들이다. 그렇게 거래하는 한 아무리 시간이 흘러도 성공할 수 없다.

빨리 자기 나름의 원칙을 만들자. 그러기 위해서는 투자 노트를 착실하게 작성해야 한다. 자기가 왜 여기서 주문을 넣었는지, 청산했는지, 그 이유를 매번 생각하는 것이다. 그리고 그것을 하루하루 진화시켜 나가자.

| 감정을 이기지 못한다 |

투자에서 최대의 적은 '공포'와 '욕망'이라는 두 개의 감정이다. 결국은 자기 자신이 자기의 발목을 잡는 것이다.

'공포'는 더 떨어지지 않을까 하는 두려움 혹은 손실을 확정시키는 것에 대한 두려움이다. 그래서 좀처럼 손절매를 할 수 없게 되는 것이다.

포지션을 청산하지 않고 있으면 아직 손실은 확정되지 않기 때문에 어쩌면 시세가 돌아올지도 모른다는 막연한 기대감을 갖게 된다. 그러나 손실이 점점 커지면 손절매하는 것도 무섭고 손실이 더 커지는 것도 무섭다. 결국 이러지도 저러지도 못하고 멍하니 보고만 있게 된다.

그런 상태가 되기 전에 뭔가 하지 않으면 안 된다. 공포를 느끼지 않고 과감하게 손절매할 수 있는 시점에서 움직이지 않으면 큰일이 난다. 이는 아무리 베테랑이라도 마찬가지다. 그러므로 처음부터 스톱을 정하고 주문하는 것이 가장 좋은 방법이다.

'욕망'은 자신이 예측한 대로 움직이면 '이제 됐다'고 생각하게 되는 심리다. 지금이면 눈앞에 있는 1만 엔이 확실히 손에 들어온다고 생각하고 불확실한 2만 엔보다는 확실한 1만 엔에 더 매력을 느껴 빨리 이익을 확정시키고 싶어지는 것이다. 이쪽은 손실이 나지는 않기 때문에 이익을 늘릴 수 있을지 어떨지는 그때의 시세 움직임 등에 대한 여러 가지 연구를 통해 극복해가는 수밖에 없다.

어쨌든 우선은 '공포' 쪽을 통제할 수 있게 되어야 한다. 그리고 그 다음에 '욕망' 쪽을 잘 다룰 수 있게 되면 금상첨화일 것이다.

| 간단히 성공하는 특별한 방법이 있다고 생각한다 |

초보자들은 흔히 성공하고 있는 사람에게 뭔가 특별한 방법이 있을 것이라고 믿는다. 자기에게도 그 비결을 가르쳐달라고 조르는 사람들이 꽤 많다.

나는 초기에 유료 정보를 구입하여 참고했고 그것을 블로그에 쓰기도 했다. 그러면 '유료 정보를 이용하고 있는 것은 알겠는데, 마유미 씨의 방법은 어떤 것입니까?' 하고 물어오는 사람들이 있었다. 분명히 말하지만 나는 1년 남짓 FX를 하고 있는 전업주부로서 특별한 비밀 같은 것은 없다. 만약 있다면 당연한 것을 철저히 지키는 것뿐이다. 그것이 나의 비결이다.

아마도 비법을 묻는 사람들은 유료 정보를 이용해보고 잘 되지 않으면 '뭔가 분명히 다른 점이 있을 거야'라고 생각하는 듯하다. 그리고 잇달아 여러 가지 유료 정보에 손을 대는 사람들도 있는 것 같다.

인터넷에서 판매하고 있는 유료 정보의 매출액 순위를 보면 FX에 관한 것들이 상위 랭킹을 많이 차지하고 있다. 게다가 고액이다. 월간 수천만 엔의 매출을 올리는 것도 있다. 이는 결국 성공하기 위해 뭔가 특별한 비법을 찾는 사람들이 얼마나 많은지를 나타낸다.

유료 정보에 있는 방법을 실행하면 반드시 성공한다고 보장되어 있지도 않다. 원래 반드시 이길 수 있는 방법이란 존재하지 않기 때문이다! 하지만 책처럼 서점에서 서서 읽을 수도 없고 시간이 가면 그 또한 보지 않게 된다.

　우선은 FX 책과 차트 분석 책을 몇 권 구입해서 읽고 비교해보기를 바란다. 유료 정보 하나를 이용할 정도면 책을 10~20권은 충분히 살 수 있다. 처음에는 이해하기 힘들어도 몇 권을 거듭 읽어나가면 자기에게 적합한 것이 무엇인지 찾을 수 있다. 그렇게 알게 된 것을 모의거래로 시험해보고 정말로 성과가 있다면 실제로 그 방법을 사용해서 거래를 해보는 것이다.

　FX도 공부하지 않으면 성공할 수 없다. 유료 정보를 이용하는 것만으로 성공할 수 있다면 커다란 행운이겠지만 유감스럽게도 그런 달콤한 이야기는 없다.

| 상황이 나빠지면 '물린 상태'나 '매입단가의 평균화'로 치닫는다 |

　투자는 예측 게임이다. 시세가 자신이 예측한대로 움직이면 돈을 벌 수 있고 반대로 움직이면 손해를 본다. 간단한 이야기이다. 문제는 예상이 빗나갔을 때 어떻게 할 것인가이다.

　'물린 상태(포지션을 시세가 회복될 때까지 팔지 않고 가지고 있어서 자금이 묶이는 것을 말함)'라든가 '매입단가의 평균화(물타기)'는 예측이 빗나갔을 때 초보자들이 흔히 선택하는 대처법이다.

　물린 상태는 잠재적 손실이 나온 포지션을 청산하지 않고 그대로 계속 끌어안고 있는 것이다. 시세가 회복된다면 손실을 회피할 수 있다. 하지만 염원과는 반대로 잠재 손실이 점점 커져서 증거금이 부족해지고 강제청산에 내몰리는 수도 있다.

'매입단가의 평균화'는 예측이 빗나갔을 때 그 통화 포지션을 더욱 늘리는 것이다. 최초의 주문보다는 유리한 가격으로 주문할 수 있으므로 시세가 회복될 때 평균하면 손실이 메워지는 방식이다. 하지만 이것도 결국 시세가 돌아오지 않으면 잠재적 손실을 끌어안은 채 끝난다. 시세가 예상했던 것에서 점점 반대쪽으로 진행되면 역시 강제청산의 우려가 있다. 나는 이런 방식에서 혼이 난 적이 있기 때문에 절대 택하지 않겠다고 결심한 바 있다.

| 꾸준히 이기다가 크게 실패한다 |

지금까지 거론해온 실패한 사람들의 공통점을 한마디로 정리하면 꾸준히 이기다가 단숨에 패한다는 것이다. 특히 어느 정도 성공한 것처럼 생각하고 있었는데 크게 실패하는 사람 중에 이런 유형이 많다. 어떻게 하면 좋을까?

꾸준히 지다가 크게 이기는 것이 정답이다. 실패를 통제하면서 이길 때는 대승을 거둔다. 중요한 것은 '부지런히' 실패하는 것이다. 적어도 '왕창' 지지는 않도록 노력해야 한다. 실패를 통제할 수 있게 되면 비로소 대승도 할 수 있을 것이다. 이 순서를 착각해서는 안 된다. FX거래의 최대 포인트는 여기에 있다.

5장

지속적인 성공을 위한 열쇠

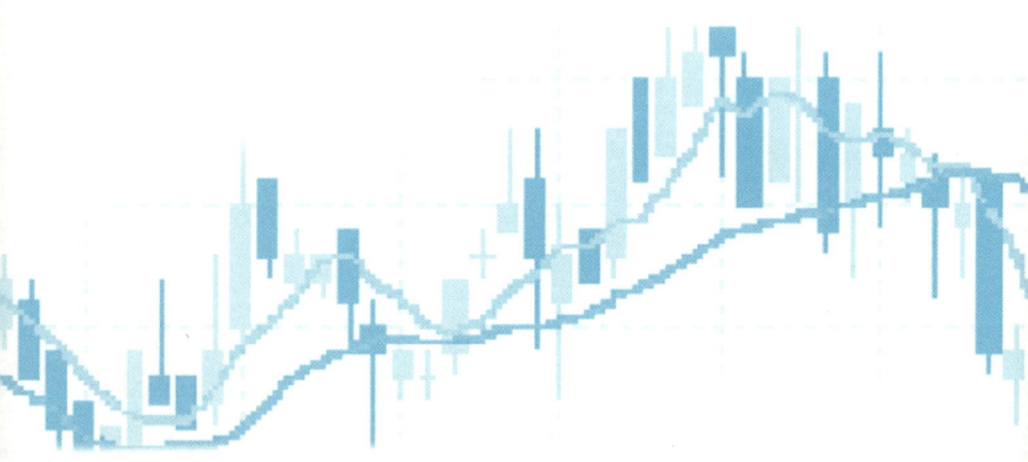

성공하는 방법이 아니라
실패한 방법을 연구하는 것이 매우 중요하다.
이 점은 아무리 강조해도 지나치지 않다.

성공하는 것과 '지속적으로' 성공하는 것은 다르다

FX의 거래 방법과 성공 방법은 익숙해지면 누구나 그 나름대로 적응하게 된다. 하지만 '지속적으로' 성공할 수 있는가를 가늠하는 벽이 그 앞에 기다리고 있다. 가끔씩 성공해도 전체적으로 실패라면 결국 강제 청산으로 시장에서 퇴장해야 한다. 어느 정도 성공할 수 있게 되면 다음은 '지속적으로' 성공하기 위해 어떻게 해야 할지를 생각하라.

공부하는 것도 중요하지만 회사의 선택과 마음이 맞는 동료와의 교류도 빼놓을 수 없는 중요 포인트이다.

FX회사야말로 거래의 상대

우선 회사의 선택이다. FX는 개인투자가가 직접 도쿄와 뉴욕, 런던 등의 외국환시장(인터뱅크시장)에 참가하는 것이 아니다. 실제로는 계좌를 개설한 FX회사와 거래하고 있는 것이다. 매수 주문을 내면 그 회사가 팔아주고 매도 주문을 내면 그 회사가 사주는 것이다. 계약상 거래의 상대는 어디까지나 그 회사이다. 그리고 그러한 거래를 하기 위한 담보로서 그 회사에 증거금을 맡기는 것이다.

FX회사는 보통 자사에 계좌를 개설한 많은 개인투자가들로부터 다양한 매도 매수 주문을 받아 그것을 상호 매칭(예를 들어 1달러=100엔으로 1만

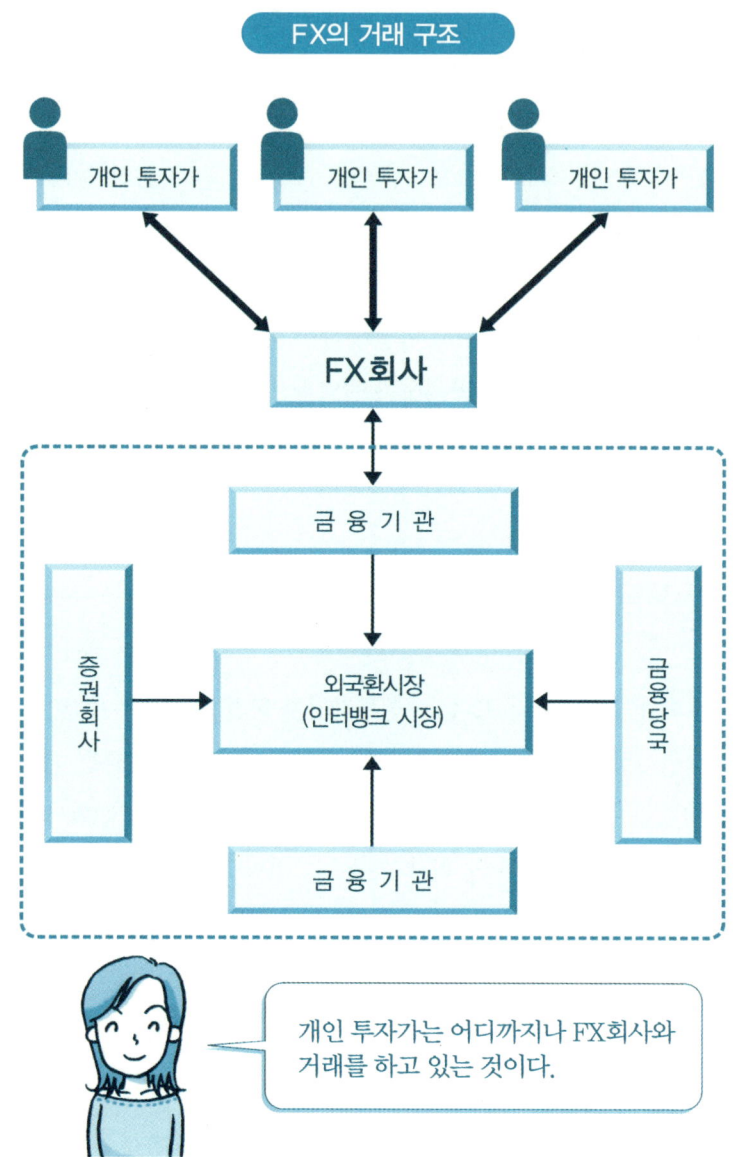

달러만큼 팔고 싶은 사람과 사고 싶은 사람이 있을 때 그들의 주문을 매칭시키는 것)시키고, 그래도 남은 부분(자사가 위험을 질 수 없는 부분)은 다른 거대 금융기관 등에 맡겨 인터뱅크시장에 내놓는다.

그렇다면 FX란 사실은 FX회사와 개인투자가 사이의 거래가 주축인 셈이다. 실제로 FX회사가 제시하는 시장의 환율은 로이터 등 금융전문통신사로부터 송신 받은 수치를 기본으로 하고 있는 경우가 많은 것으로 알려져 있다.

사정은 이렇다. 외국환시장(인터뱅크시장)은 특정한 거래소가 있는 것이 아니라 개별 금융기관끼리 외국환을 교환하고 있는 네트워크를 통틀어 비유적으로 일컫는 말이다. 그러므로 동일한 시각에 동일한 통화 페어의 거래 가격에는 차이가 있다. 그것을 금융전문통신사 등이 '대체로 이 정도부터 이 정도의 폭인 것 같다'고 송신한다. 그러면 각각의 FX회사들은 그것을 더욱 가공하여 매도와 매수 가격을 제시하는 것이다. 시세가 크게 움직일 때 스프레드의 폭이 벌어지는 경우가 생기는 것은 송신 받은 시세 정보 자체의 가격 폭이 벌어져 있기 때문이다.

그렇다면 투자가가 성공하면 FX회사가 실패하고, 투자가가 실패하면 FX회사가 성공한다고도 말할 수 있을 것이다(실제로는 다른 투자가도 관련이 있으므로 그렇게 단순하지는 않다).

대부분의 FX회사는 우선 계좌를 개설해주고 증거금을 받는다. 그러므로 FX회사에서는 계좌를 개설하는 것만으로 캐시백서비스를 제공하는 등의 캠페인을 벌인다. 투자가가 많이 모이고 거래를 많이 하면 일정한 수수료(거래수수료와 스프레드)가 들어오기 때문이다.

현재 일본에서 FX회사(금융선물거래업자)는 200개 이상이고■ 경쟁이 상당히 심하다. 거대 증권회사가 계열사를 통해 FX를 취급하는 경우도 있다. 한편으로는 규모가 작은 곳도 많고 10명 정도로 운영하고 있는 회사도 있다. 작은 회사나 무리하게 계좌를 늘리는 회사 중에서는 경영이 어려워지는 곳도 나올지 모른다. 그런 만큼 어느 회사와 거래할지 충분히 신중하게 생각할 필요가 있다.

실제로 2006년에 미국의 거대 상품선물회사가 도산하여 그 회사의 FX 부문에 외국환시장(인터뱅크시장)의 중개를 의뢰하고 있던 일본의 FX회사 고객이 상당히 손실을 입은 적도 있다. 일본의 FX회사를 통해 그 미국 회사에 증거금이 예탁되고 '별도의 관리'를 받고 있었지만 뉴욕에 있는 회사였기 때문에 여러 가지 통보 서류들이 모두 영문으로 왔다고 한다. 많은 사람들이 그것을 충분히 이해하지 못했고 그래서 계좌를 포기한 경우도 적지 않았던 것으로 전해진다.

안심할 수 있는 곳이 어디라고 한마디로 말할 수는 없다. 하지만 역시 회사의 선택은 중요하다. 잘 모르면 아무리 큰 회사라고 해도 한 회사에 돈을 전부 넣는 것은 절대 금물일 것이다.

■ 한국의 경우는 외환선물, 우리선물, 한맥선물. kr선물 등 네 곳이다.
  외환선물 http://www.kebf.com/fx/
  한맥선물 http://www.hanmag.com/
  우리선물 http://www.futures.co.kr/
  kr선물 http://www.krfutures.co.kr/

계좌에 맞추어 회사를 선택한다

나의 경우 계좌에 맞추어 FX회사를 선택하고 있다. 예를 들어 데이트레이드 계좌는 거의 매일 거래하고 레버리지도 높게 거래하기 때문에 거래수수료가 무료이고 스프레드가 적으며 레버리지를 높게 할 수 있는 회사를 선택하고 있다. 그리고 매월 월말에는 그 달의 수익을 출금하고 크지 않은 금액만을 남겨둔다.

스왑트레이드 계좌는 스왑 금리차를 노리고 장기간 거치해두기 때문에 가능한 안전하고 안심할 수 있는 회사를 선택한다. 구체적으로는 규모가 크고 오래 경영한 회사인지 아닌지를 기준으로 고른다. 또한 스왑 금리차만 인출할지 어떨지도 중요시한다. 포지션을 청산하지 않고도 매일 모이는 스왑 금리차만을 출금할 수 있다면 아주 편리하기 때문이다. 낮은 비율로 구입한 포지션을 청산하지 않고도 이익을 실현시키고 싶은 것이다. 그러기 위해서는 청산하지 않은 상태에서 스왑 금리차만 인출할 수 있는 시스템은 대단히 매력적이다.

그밖에 회사 선택에서 내가 고려하는 것은 증거금을 '신탁관리' 하는지의 여부이다. 이것은 '신탁보전' '신탁보전관리'라고도 하는데, FX회사가 투자가로부터 예탁받은 증거금을 신탁은행에 맡겨두는 것을 말한다. 일반적인 예금과는 달리 신탁계약이라는 특수한 계약으로 맡기면 FX회사는 이를 임의대로 인출할 수 없다. 만일의 경우 FX회사가 파산할 때는 법원에서 선임된 신탁관리인이 그 돈을 신탁은행으로부터 수취하

FX 회사 선택의 포인트

① 수수료와 스프레드는 어느 정도인가?

특히 거래 수수료가 많은 데이트레이드에서는 거래수수료가 무료, 스프레드가 적은 회사 쪽이 이익

② 규모와 영업 년수는 어느 정도?

특히 길게 증거금을 넣어두는 스왑에서는 규모가 크고 오래전부터 운영하고 있는 곳이 안전

③ 스왑 금리차만 인출할 수 있는가?

이것도 스왑계좌에서는 중요한 포인트. 유리한 비율로 많이 사 둔 포지션은 가능한 한 계속 유지하고 싶다

④ 증거금 관리는 어떻게 되어 있는가?

현재, 증거금을 회사(FX 회사)의 자산과 분리하여 관리하는 것은 법적인 의무. 또 계속해서 전액 '신탁분리관리'가 되어있는 쪽이 만에 하나의 경우에도 안전

⑤ 보기 쉽고 거래하기 편한 시스템인가 어떤가?

인터넷에서의 차트의 표시 방법, 연결의 용이성, 취급의 편리성 등도 안정된 거래에 뺄 수 없는 포인트.

여 고객에게 배분하는 것이다. 하지만 신탁보전도 증거금 원금을 보증하지는 않는다. 어디까지나 하나의 안전판이므로 오해하지는 말자.

거래에 대한 태도의 차이도 있다. 보통 중요한 지표가 발표될 때를 노려서 거래(스캘핑)하는 투자가가 많은데, 이를 꺼려하는 회사도 있다. 이런 회사에서는 특정한 시점에 일시적으로 주문을 내기가 어려워지는 경우가 있는 것 같다. 반대로 지표를 발표할 때에도 실시간 거래할 수 있다는 점을 세일즈 포인트로 하고 있는 FX회사도 있다. 스캘핑 투자를 택하는 분들은 고려할만 하다.

또 하나 중요한 것은 보기 쉬운 시스템, 거래하기 편리한 시스템인지의 여부이다. 시세 차트 하나라도 회사에 따라 많이 다르다. 스프레드도 고정되어 있는 곳과 변동하는 곳이 있고, 변동제인 곳에서는 거래량이 많은 시간대에는 스프레드가 0이 되기도 한다.

어쨌거나 자신이 사용하기 편리한 시스템을 찾아내는 것이 대단히 중요하다. 일단 어떤 식의 차트와 주문 양식에 익숙해지면 새롭게 바꾸는 것이 귀찮아지기 때문에 처음의 선택이 매우 중요하다.

동료와의 교류

많은 사람들이 참여하게 되었다고는 해도 여전히 FX는 '위험한 투자'로 간주되는 것 같다. 여성들의 경우 특히 FX를 하고 있다고 말하면 주위에서 이상한 눈으로 볼지도 모른다.

　투자에 대한 편견은 오히려 여성 쪽이 더 많다. 나도 아이 엄마인 친구들에게는 FX 투자가라는 것과 FX 블로거라는 것을 적극적으로 이야기하지 않는다. 전업주부일 경우, 특히 돈이야기는 금기시하는 면이 있다. 화제는 주로 아이들 입시라든지 쇼핑이나 먹거리 등 별 무리가 없는 이야기들뿐이다.

　그래서 2006년 가을에 마음이 맞는 동료와 시작한 것이 'FX 미녀의 모임'이다. 원래 2006년 2월에 FX를 시작하고 얼마 지나지 않아 블로그와 메일매거진을 발행하기 시작했는데, 여기에 여러 가지로 코멘트를 해주는 사람도 있었고 메일을 보내준 사람도 있어서 처음에는 메일을 주고받으면서 동료가 늘어났다. 그런 사람들과 개별적으로 점심을 하기도 했는데, 실제로 만나니까 즐겁고 이 사람과 저 사람을 연결하면 좀 더 재미있겠다는 생각도 들었다. '미녀의 모임'이라는 이름은 모두가 아름다운 사람들이었기 때문에 내가 붙인 것이다.

　모임 멤버는 현재 40명 정도로 FX를 하고 있는 여성이어야 한다. 멤버는 주부가 많고 지방에 계신 분들도 있다. 모두 모여서 조금은 사치스러운 점심 만찬을 즐기면서 자신의 실패담이나 성공담을 이야기하는데, 이때 분위기가 아주 고조된다. '요새 엔고일 때 어땠어?' '난 완전 손해 봤어.' '난 그냥 마우스를 내던져 버렸다고!'

　FX 외에도 미용이나 쇼핑 등 화제는 끝이 없다. 레스토랑에서의 점심 시간이 끝나면 장소를 바꾸어 저녁때까지 차를 마시면서 이야기를 계속

내가 하고 있는 동료와의 교류 방법

FX 미녀의 모임
FX를 하고 있는 여성들
과의 식사 모임

아이를 기르는 엄마의 FX
육아를 하고 있는 중
또는 육아 경험자에 한정한
미시의 커뮤니티

블로그·메일매거진
FX에 관해서 여러 가지
정보를 발신. 멀리 사는
사람들로부터도 여러 가지
연락을 받고 있다.

한다. 모두들 FX 이야기만 끊임없이 할 수는 없기 때문에 자기 하고 싶은 이야기들을 마음껏 하는 것을 아주 즐거워하는 것 같다. 처음 참가한 회원은 '우와~' 하고 놀라워한다. '이런 얘기도 다 하네요' 라고.

나는 여성, 특히 전업주부라면 더욱 돈에 관한 일을 오픈해서 이야기하고 투자에 대해서 생각할 수 있는 모임을 갖는 것이 좋다고 생각한다. 돈에 관한 이야기는 하기 힘들고 터부시되는 면이 있다. 그런 것을 신경쓰지 않고 이야기할 수 있는 장소도 별로 없다. 그렇기 때문에 이런 모임을 모두 즐거워하고 '또 합시다' '또 만나요' 하는 것이다.

물론 서로 다른 사람의 방법에 흥미가 있을 것이다. 하지만 그런 것을 듣기만 하고 정보를 수집하기만 하려고 모임에 참석하는 것은 자제했으면 한다. 자기 정보는 내놓지 않고 다른 사람의 정보를 바란다는 것은 좋지 않다. 듣고 싶으면 우선 자기 이야기부터 하는 것이 우리 모임의 원칙이다. 엄밀히 말해서 약속은 아니지만 예전에 일방적으로 '가르쳐주세요' '알려주세요' 하는 분들이 많아서 모임이 편하지 않았기 때문이다.

FX를 하는 사람은 반드시 실패한 경험이 있는 법이다. 하지만 '나는 이렇게 극복했어요'라고 하는 이야기를 들으면 실패해서 낙담하고 있던 사람도 '나도 힘내서 해보자!' 하고 긍정적인 마음을 가질 수 있을 것이다.

여성 커뮤니티도 주관

'FX 미녀의 모임' 외에도 나는 '아이를 기르는 엄마의 FX'라는 커뮤니티를 주관하고 있다. 이쪽은 자녀를 기르고 있거나 자녀를 키워본 경험자에 한정하고 있는데, 지금 약 80여명이 참가하고 있다. 환경이 비슷한 사람이 모여 있기 때문에 공유할 수 있는 화제도 많아 모두가 열심히 정보를 교환한다. 먼 곳에 있는 사람들도 가볍게 정보교환이 가능해서 크게 호평을 받고 있다.

FX를 하고 있는 이상 성공하고 싶다는 것이 모두의 공통된 생각이다. 나는 공부하는 것도 좋지만 성공하는 사람과 함께 있는 것도 매우 중요하다고 생각한다. 실패하는 사람끼리 모이는 것이 아니라 성공하는 사람의 모임에 동료로서 참여하는 것이 바람직하다. 나에게는 투자 어드바이스를 해주는 사람도 있고 트레이드 방법을 연구하는 동료도 있지만, 역시 성공하는 사람과 함께 하는 것이 특별히 위안이 된다. FX뿐만 아니라 부동산이나 주식 등 여러 가지 투자에서 성공하는 사람, 승리하는 사람들의 이야기를 들을 수 있는 모임이 있으면 더 좋지 않을까 싶다. 엄청나게 성공하는 사람이라도 사실 겉으로는 잘 드러나지 않는다. 하지만 투자에서 성공하는 사람에게는 분명 공통점이 있을 것이기에 그런 사람의 이야기를 듣고 싶은 것이다.

6장

가장 중요한 것은 자기에게 맞는 투자방법을 찾는 일!

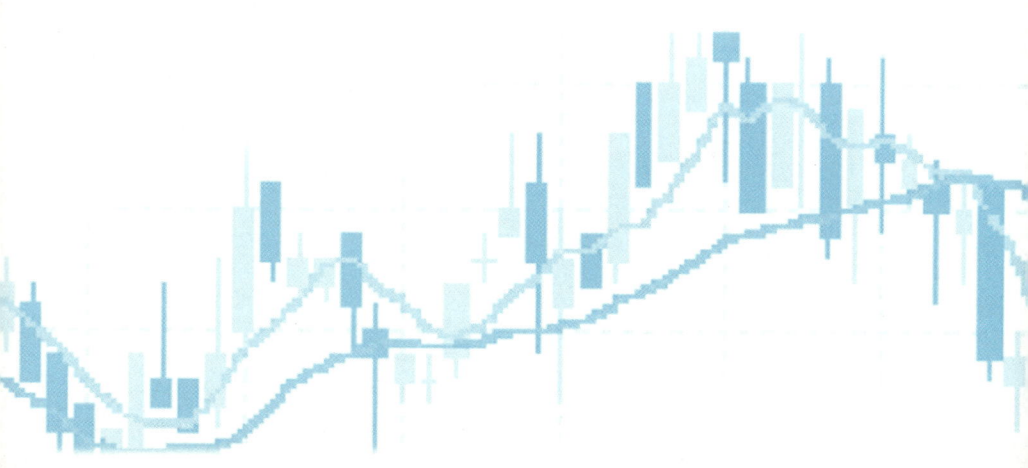

FX를 하고 있는 이상
성공하고 싶다는 것이 모두의 공통된 생각이다.
공부하는 것도 좋지만
성공하는 사람과 함께 있는 것도 매우 중요하다.

라이프스타일에 맞춘다

지금까지 FX로 월 100만 엔^{1000만 원} 버는 방법과 실패하는 사람의 유형에 대해 설명했다. FX는 잘하면 아주 많이 벌 수 있지만 잘 못하면 큰 돈을 잃고 증거금을 모두 소진해서 철수하는 사람도 적지 않다. 다시 한 번 도전하는 사람도 있지만 그대로 돌아오지 않는 사람도 있다.

투자는 인생과 비슷하다. 나의 투자 인생에도 산이 있고 계곡이 있다. 그 속에서 배운 것은 나 자신에게 무리가 가지 않고 지속할 수 있는 방법, 스트레스를 받지 않는 방법을 찾아내야 한다는 것이다. 성공하는 사람을 마냥 부러워하고 따라한다고 해서 방법이 나오는 것은 아니다. 자기에게 맞는 투자 방법을 빨리 찾아내는 사람이 진정으로 행복해진다.

나는 평상시에는 FX 관련 블로그를 별로 보지 않고 가끔 시간이 비었을 때 정리해서 보는 스타일이다. 지속적으로 성공하는 사람은 의외로 적다. 만약 그런 사람의 블로그를 찾는다면 과거에 올린 글들을 코멘트까지 포함해서 모두 읽어보면 그의 투자 마인드를 배울 수 있어 상당히 공부가 될 것이다.

나는 지정가 거래로 매우 많은 돈을 벌고 있는 사람을 발견한 적이 있다. 나는 자신 있을 때만 진입해서 반드시 승리하는 스타일로 지정가 주문은 거의 하지 않았다. 그런데 나와 다르게 지정가 주문으로 그만한 승률을 올리는 사람을 보니 대단하다고 생각했다.

또 레버리지를 최대한 낮추고 절대 손절매를 하지 않는다는 아이 엄마도 있었다. 그녀는 2007년 2월부터 3월까지의 폭락장(엔고)에서도 손절매는 하지 않았고 착실히 플러스로 청산해왔다. 그녀의 입버릇은 '레버리지는 낮게'였다. 반면 나는 높은 레버리지로 손절매, 즉 스톱Stop을 반드시 넣고 매번 정확하게 마무리하는 스타일이다.

다양한 사람들이 다양한 방법으로 투자를 하고 있으며 성공하는 사람도 있고 실패하는 사람도 있다. 성공하는 사람이라고 똑같은 방법으로 이기는 것은 아니다. 오히려 그들은 각자가 자신에게 맞는 방법을 확립하고 있다. 그래서 여기서는 'FX 미녀의 모임' 동료 가운데 3명의 여성 트레이더들을 인터뷰해보았다. 서로 여러 가지 정보를 공유해왔지만 이렇게 깊이 있게 이야기를 들은 것은 처음이다. 나도 많은 참고가 되었다. 이 인터뷰를 통해 FX는 사람에 따라 여러 가지 계기와 태도, 방법이 있다는 점을 독자들도 배울 수 있다면 기쁘겠다.

케이스1. 집안의 위기를 FX로 구하고 1개월에 200만 엔(2000만 원)을 버는 이노우에 미치코(가명)

이노우에 씨는 중학생과 고등학생 자녀를 둔 전업주부다. 매우 조용한 분이지만 정신력은 남보다 두 배는 강하다. 남편의 사업이 암초에 부딪치자 FX를 시작해서 지금은 가족의 생활비뿐만 아니라 새로운 회사까지 설립했다.

Q 우선 FX를 시작한 이유를 말해주세요.

A 한 2년 전까지는 보통 주부로 평범하게 살고 있었어요. 그런데 남편이 경영하던 회사에 문제가 생겨서 가정의 수입이 거의 끊기는 사태가 일어났죠. 뿐만 아니라 남편의 회사에도 자금이 필요했는데, 쩔쩔매는 남편을 도우려고 해도 도대체 내가 일해서 될 일이 아니었어요. 그래도 어떻게든 해야 했는데, 아이들도 있고 나도 몸이 별로 좋지 않아서 선택할 수 있는 일이 별로 없더군요.

그때까지 투자라고 하면 듣기만 해도 위험한 것, 있는 재산까지 모두 날려버릴 수 있는 것이라는 인상을 가지고 있었어요. 하지만 내게 불가능한 것부터 하나씩 지워나가는 방법으로 내가 할 수 있는 일을 검토해보니 역시 투자밖에 없었어요. 투자에 대해 진지하게 공부해보는 것도 하나의 방법이 아닐까 싶어서 우선 주식을 시작했어요.

하지만 완전히 초보였고 공부를 한다고 해도 잘 되지 않아서 곤란한 지경이었어요. 6개월 정도 해보고 나니 손실은 없었지만 지속적으로 돈을 벌 수 있겠다는 생각도 들지 않았어요. 그때 가끔 주식 책을 사러 서점에 갔었는데, 마침 FX 책이 한 권 눈에 들어왔어요. 딱 하나 뿐이었는데 호기심으로 그 책을 사서 돌아와 처음에는 그냥 내팽개쳐두고 있었죠. 그런데 주식에서 꽉 막혔을 때 갑자기 생각이 나서 그 책을 손에 잡게 되었고, 그렇게 해서 비로소 FX와 만났습니다.

이노우에씨의 라이프스타일과 FX 방법

라이프스타일

- 남편이 경영하는 회사에 문제가 생겨 수입이 대부분 끊겼다.
- 아이가 2명 있고, 자신도 건강이 좋지 않다.
- 배수진을 치고 투자에 도전하기 시작했다.

FX 방법

- 1000만엔이라는 정리된 자금을 준비.
- 매월 200만 엔 목표(거래 1일당 10만 엔 목표)
- 스켈핑이 중심.
- 쇼트는 잘 못해서 전적으로 롱으로 엔트리.
- 적은 플러스에서 결제하고, 1일에 수 십 번 거래하는 경우도 있음.
- 겸허한 자세와 감사하는 마음을 잊지 않음.

Q 그래서 바로 거래를 시작했나요?

A 어쨌든 돈을 만들어야 했기 때문에 2006년 1월 초쯤부터 시작했어요. 앞뒤도 모르는 상태였고 지금 생각하면 정말 무모했어요. 물론 책도 읽었어요. 원래 나는 '투자=어렵다'는 생각을 가지고 있었고 경제에 관한 것에도 어설퍼서 처음에는 좌충우돌했어요. 책을 몇 번이나 내던져 버렸는지 몰라요. 하지만 지푸라기라도 잡아야 하는 상황이라 '이것밖엔 없다'고 생각하고 울며 겨자 먹기로 내던진 책을 다시 주워서 읽는 식이었어요. 첫 번째 책은 그야말로 몇 번이나 반복해서 읽었어요. 그러던 중에 다른 출판사에서도 FX에 관한 책이 나와 번갈아 읽으면서 차츰 이해할 수 있게 되었죠. 거래에 관해서는 잘 모르는 만큼 굉장히 신중하게 했어요. 내가 이거면 이해할 수 있겠다는 식으로 스스로 납득한 방법만 썼어요. 그래서인지 크게 성공은 못했지만 실패도 하지 않았습니다.

Q 그 무렵에 제가 메일을 받았는데요, 트레이드 방법에 관한 것이 아니라 투자에 적합한 마음에 관한 내용을 쓰셨더군요.

A 맞아요. 견실한 방식으로 돈을 조금씩은 벌기는 했지만 그 이상으로 갈 수 없어서, 그럼 돈을 벌 수 없으니까 어떻게 해야 좋을지 몰랐어요. 그래서 마유미 씨의 블로그를 읽고 연락하고 싶어진 거예요. 주위에 FX를 하는 사람이 없었기 때문에 물어볼 수도 없었거든요. 방법이 없다기보다는 지금 이런 상태라서 정말 괴롭고, 그것을 누구에게 말할 상대도 없어서 어떻게 하면 좋을지 메일로 보냈던 거예요. 그랬더니 아주 적

절한 답변을 보내셨더라고요. 특히 이래라 저래라 하는 식이 아니라 내가 혼자가 아니라는 걸 느낄 수 있어서 정말 힘이 되었어요.

Q 지금은 아주 크게 성공하셨는데요.

A 현재 계좌에 넣어 운용하고 있는 자금은 1000만 엔^{1억 원} 정도에요. 수익률은 월 평균 20%에서 50% 정도구요. 매월 최저 200만 엔^{2천만 원}을 목표로 하고 있고 거래하는 날은 20일가량 됩니다. 그러니까 하루에 최저 10만 엔^{100만 원}은 벌어야 하는 거죠. 물론 목표치를 달성하지 못하는 날도 있으니까 여분으로 12~15만 엔^{120~150만 원}을 할당량으로 잡고 있어요. 데이트레이드에서 일단 10만 엔^{100만 원}을 달성하면 거기서 멈춘답니다. 그리고 거기에 스왑 금리차를 더하면 할당치를 채울 수 있다는 계산입니다.

Q 어떻게 해서 그렇게 성공할 수 있게 되었나요?

A 특별히 변화시킨 건 없습니다. 처음에 좀처럼 성공할 수 없었을 때는 기술적 분석을 2종류만 사용했는데, '함정'을 만나기 일쑤였어요. 그래서 차트를 하나 둘 더해서 '아, 여기서는 다른 신호가 나왔었지…' 하면서 조금씩 체득한 거죠. 나는 정말로 막다른 지경에 이르러 있었기 때문에 '어째서 돈을 못 벌지?' '무엇 때문 자꾸 함정에 빠지는 걸까?' 하고 집요하게 생각했어요. 그 결과 비교적 빨리 그런 것들을 알아차렸다고 생각해요.

Q 좀 더 구체적으로 트레이드 방법을 가르쳐주세요.

A 아직도 여전히 초보자이므로 항상 컴퓨터를 옆에 두고 차트를 보고 있어요. 아이들이 있을 때는 컴퓨터를 꺼두지만 그밖에는 설거지를 하면서도 세탁기를 돌리면서도 늘 시세의 움직임을 살핍니다. 그리고 이런 흐름 뒤에는 대개 이렇게 움직이지 않을까, 이 각도로 내려갔을 때는 좀 더 내려가지 않을까, 이런 여러 가지 생각을 하면서 시세와 가까워지려고 노력하죠. 거래 방법이라면 지금은 스캘핑을 주로 하고 있어요. 보통 때는 5분 캔들 차트와 이동평균선을 보고, 약간 까다로울 때는 1분 차트로 전환해서 타이밍을 판단해요. 또한 몇 가지 차트 분석을 조합해서 언제라도 신호가 나오면 망설이지 않고 주문을 넣어요. 상승 추세이면 매수 주문을 넣고, 게걸음으로 시세가 변동이 없이 보합세를 보일 경우에도 상황에 따라 매수 주문을 넣어요. 하강 추세에서는 매도 주문을 넣기도 하지만 이때는 별로 자신이 없기 때문에 웬만큼 확신이 서지 않으면 보류하는 편이에요.

최근에는 기본적 분석도 의식하고 있어요. 매주 어떤 경제지표가 발표되는지 머릿속에 넣어두고 있다가 그에 따라 내가 거래하고 싶은 통화의 추세가 어떻게 될지 나름대로 시나리오를 그려보죠. 물론 내 예측이 맞지 않으면 거래는 하지 않아요. 어떤 느낌으로 시세가 움직이는지를 볼 뿐이죠. 알 수 없는 시세에는 절대 참가하지 않는다는 주의입니다. 그 대신 움직임이 있을 때는 최대한 거래해요. 나는 통이 작아서 1000엔만 플러스돼도 감사하게 생각하여 바로 청산하고 다시 들어가는 스타일로 정말 소심한 신중파예요. 그렇기 때문에 하루 거래가 수십 번에 이를 때도 많습니다.

Q 지금 참고하고 있는 기술적 분석은 무엇입니까?

A 기본은 캔들 차트와 이동평균선이예요. 캔들 차트에서는 봉의 모양, 수염의 길이, 양선과 음선의 전환 등을 봅니다. 이동평균선은 단기(5일)와 장기(15일)를 조합하고 있어요. 이동평균선은 메인이 아니라 대체적인 추세를 판단하기 위해서만 쓰고 있고, 더 적절한 조합이 없는지 여러 가지를 연구하고 있어요. 이 두 개의 차트에 볼린저밴드와 MACD를 조합시킵니다. 주로 이 네 가지 차트를 보고 판단하지만 자신이 없을 때는 RSI와 스토캐스틱스도 참고합니다. 이전에는 다른 기술적 분석을 사용한 적도 있어요. 하지만 여러 가지 해보면서 나에게 맞고 내가 신호를 읽기 편하면서 신뢰할 수 있는 것들로 몇 가지 자리가 잡히는 것 같아요.

Q FX를 시작하고 변한 것이 있나요?

A 생활이 바뀌었다고는 할 수 없지만 FX로 돈을 벌 수 있게 되면서 '새로운 세계'를 보는 기분이에요. 지금까지는 쇼핑이 좋았어요. 예를 들면 가방이라든가 시계라든가 나 자신에게 어떤 부속품을 붙이지 않으면 스스로의 가치를 평가할 수 없었어요. '이 브랜드를 가지면 조금 더 레벨이 올라갈 거야' '그보다 더 올라가려면 이 브랜드가 필요해' 이런 식으로 느꼈기 때문에 뭔가 안정감을 찾으려고 쇼핑을 했던 것 같아요.

Q 아, 그렇군요. 뭔가로 '무장'하지 않으면 자신이 없는 거군요.

A 그렇죠. 하지만 FX로 돈을 벌 수 있다는 것을 알았을 때 정말 즐거웠어요. 자유로워진 거죠. 나 자신이 꽤 괜찮은 사람이라는 안정감이 생기고, 그때부터 감사한 마음을 갖게 됐어요. 자신을 비하하지 않고 열심히 노력하면 할수록 더 성숙되고 자유스러워질 수 있었어요. 내게는 딸이 둘 있는데, 나중에 설령 남편의 수입이 완전히 끊어진다고 해도 내가 내 소중한 딸들을 지킬 수 있다고 생각해요.

지금까지는 남편이 가져다주는 돈으로 생활했기 때문에 좋은 점도 있었던 반면, 남편이 하는 말에 싫어도 순종해야 하고 눈치를 보기도 하고 그랬죠. 또 남편이 안색이 안 좋으면 어떻게 하나, 회사가 기울면 어떻게 하지, 이렇게 늘 뭔가 불안했어요. 남편이 하는 일은 물론 존경하지만, 가끔 '남자인 내가 돈을 벌어다주니까' 하는 식의 태도를 보일 때는 마음이 좋지 않았어요. 전업주부인 나는 누군가에게 배운 것도 아닌데 남편 눈치를 보며 살아가는 것에 익숙해져 있었어요. 그런 내가 솔직히 싫었어요. 그리고 그런 것이 없어지니까 웬지 아주 마음이 편안해졌어요. 물론 예전과 달라진 건 아무것도 없어요. 아이들과 남편을 대하는 태도도 그렇고 친구들과의 교제도 그렇고 아무것도 변하지 않았어요. 다만 돈을 벌 수 있다는 것이 특별히 대단한 것은 아니라는 점을 알게 되니까 웬지 자유롭고 상쾌한 느낌이 들고 사물을 보는 시각도 바뀐 거죠. 돈을 버는 사람이 훌륭한 것이 아니라 꾸준히 노력하는 것이 소중하다는 것을 통감했습니다. 동시에 돈을 벌기 전이든 후든, 지금까지와 똑같이 아이들을 대할 수 있다는 점도 스스로 놀라웠어요.

Q 정말 이노우에 씨는 겸손하시네요.
A 겸손하다기 보다는 자기 분수를 알고 있을 뿐이에요. 경제를 좀 잘 알거나 여러 가지 능력이 있는 사람이라면 자신감을 갖겠죠. 하지만 나에게는 그런 배경이 아무것도 없습니다. 그런 내가 매일 몇 천 엔이나 몇 만 엔의 돈을 벌어서 소중한 아이들과 남편과 함께 윤택한 생활을 유지할 수 있어요. 한 포지션을 닫고 청산할 때마다 마음속으로 '감사합니다' 하고 손을 모으고 있습니다.

Q 최근에 회사를 설립하셨다죠?
A 사실은 FX에 의해 어느 정도의 돈이 들어오는 흐름을 스스로 만들 수 있게 됐어요. 지금까지는 머릿속이 돈 걱정으로 가득 차 있었지만, 일단 가족이 먹고 살 수 있게 되고 어느 정도 마음의 여유가 생기니까, 이번에는 조금 시간을 두고 내가 정말 하고 싶은 일이 무엇인지 생각하게 되었어요. 최근에 FX를 통해 어느 여성 회계사와 만난 것을 계기로 회사를 세우고 계획을 짜고 있는 중이에요. 전업주부라면 전혀 인연이 없을 법한 비즈니스의 세계를 들여다보니 너무 신선하고 긴장됩니다. 아직 구체적으로 무엇을 할지는 미정이지만 큰일이든 작은 일이든 세상에 도움이 되는 비즈니스를 할 수 있기를 기대하고 있습니다.

Q 트레이드만이라면 고독한가요? 그러니까 무언가 사회와 관련되고 싶다는 마음이 있는 거 아닐까요.

A FX와의 만남으로 나 자신이 무척 도움을 받았기 때문에 이번에는 뭔가 다른 모습으로 다른 사람들에게 답례를 하고 싶다는 생각이 들어요. 일방적으로 받는 것이 아니라 받은 것을 함께 나누는 것으로요. 또 그것이 모습을 바꿔 나에게 다시 돌아오는 그런 흐름을 만들 수 있으면 좋겠다고 생각합니다. 정말로 FX를 시작하고 돈뿐만 아니라 멋진 동료와 가족의 유대, 유연성 있는 사고방식 등 여러 가지 것을 얻었습니다.

Q FX에 흥미를 갖고 있는 분들께 충고를 부탁합니다.

A 예를 들어 복권에 당첨되어 큰돈이 생겼다고 했을 때 쓰기만 해서는 결국 없어져버립니다. 늘 줄어들고 있다는 불안감이 따라다니게 되겠지요. 그에 반해 FX로 돈 버는 방법을 익힌다면 스스로 돈을 만들어낼 수 있게 됩니다. 돈을 찾아다니는 것이 아니라 돈을 만들어내는 힘을 손에 넣은 거죠. 그렇게 되면 자유로워진다고 생각합니다. 특별히 생활을 바꿀 필요도 없습니다. 지금까지와 마찬가지로 생활하면서 얼마든지 자유로워질 수 있고 마음에 여유가 생겨 다른 사람에게 다정해질 수도 있습니다. 처음 한 걸음을 내딛을 용기가 있다면, 주위의 풍경이 완전히 바뀔지도 모릅니다. 절대 두려워하지 마세요. 큰 한 걸음이 아니어도 좋다고 생각합니다. 작은 한 걸음이라도 좋으니까 앞으로 내딛는 것이 중요하지 않을까 생각합니다.

> 케이스 2. FX는 지적 오락. 조촐하게 투자를 즐기는 프리랜서 주부 카와에이 야요이(가명)
>
> '요요카'라는 닉네임으로 블로그와 메일매거진을 쓰고 있는 나의 절친한 친구 카와에이 씨. 왠지 마음이 맞아서 거의 매일 서로 연락을 주고받고 있다. 'FX 투자 노트'를 함께 만들기도 하고 소규모 공부 모임을 열기도 하고 있다. 하지만 FX 방법은 나와 정반대이다.

Q FX를 시작한 계기부터 말씀해주세요.

A 저는 이전부터 인터넷에서 메일을 한번 클릭하면 1엔을 받을 수 있다든가, 포인트를 모으면 도서상품권을 받을 수 있다든가 하는 아르바이트를 해왔어요. 2년 반쯤 전에 자료를 신청하는 것만으로 100포인트를 받거나 계좌를 개설하는 것만으로도 도서상품권을 받기도 했는데, 그것이 FX였어요. 재빠르게 여러 회사에 자료를 신청해서 부지런히 도서상품권을 모았어요. 그랬더니 자료를 신청했던 회사로부터 영업하는 전화가 몇 번이나 걸려왔어요. 처음에는 전혀 하고 싶은 마음이 없어서 너무 짜증이 났어요. 그런데 어떤 분의 메일매거진을 보니까 FX로 즐겁게 돈을 벌고 있다는 글이 올라와 있어서 '나도 한번 해볼까?' 하고 생각한 것이 계기가 되었죠. 2005년 후반기에는 누가 하더라도 FX로 돈을 벌 수 있는 상황이었어요. 어쨌거나 상승 시세였기 때문에 매수로 들어

카와에이씨의 라이프스타일과 FX 방법

라이프스타일

- 오랜 기간 근무한 회사를 그만두고 지금은 전업주부로 아르바이트를 조금씩

- 절약 제일의 '째째함'이 아니라 투자에서 조금씩 버는 '검소함'이 모토

- 호기심이 왕성해서 지금까지 여러 가지 투자에 도전. 다만 스트레스가 되지 않도록 소액으로

FX 방법

- 1일 3000엔(3만 엔)이 목표.

- 스켈핑 중심

- 인터넷 TV를 보면서 한가롭게 즐기며 트레이드(FX는 인생의 지적 엔터테인먼트).

- FX동료와의 교류를 즐김.

가서 기다리기만 하면 플러스로 청산이 가능했어요. 더욱이 나의 경우는 청산을 거의 하지 않고 포지션을 왕창 가지고 있으면서 '늘었다, 늘었다' 고 생각하며 기뻐했습니다. 그런데 12월에 엄청 엔고가 되었을 때 한번에 60만 엔600만 원 정도 환차손이 나온 거예요. 하지만 스왑 금리가 있으니까 계속 갖고 있어도 되겠지 싶기도 했고 일도 하고 있었기 때문에 그만둘 생각은 하지 않았어요. 오히려 '역시 공부하지 않으면 안 돼!' 하고 생각해서 열심히 차트 분석을 하기 시작했지요.

Q FX 외에도 여러 가지 투자를 하고 계시죠?

A 좋게 말하면 호기심이 왕성해서 여러 가지를 해왔습니다. IT주라든가 중국주에도 투자했었고, 우牛 펀드송아지에 투자해서 비싸게 팔리면 배당을 받을 수 있는 종목라든지 바닷가 집 펀드바닷가 집 영업권을 취득하여 운영하는 것 등 유행하는 것이나 재미있어 보이는 투자처가 있으면 즉시 뛰어들었어요. 그런데 IT주는 물린 상태가 되어 있고 중국주는 2.5배쯤 늘긴 했지만 원래 20만 엔200만 원 정도밖에 되지 않았죠. 바닷가 집 펀드 등은 작년에 악천후로 골칫거리에요. 지금은 없었던 일로 하고 있어요. 결국 잘 된 건 거의 없지만, 대개는 금액도 귀여울 정도라 손실을 봐도 웃을만한 이야깃거리로 삼고 있어요.

Q 지금은 전업주부 트레이더인가요?

A 그렇죠. 2006년 8월에 12년간 근무해온 제네콘General Constructor,

종합건설회사 계열의 건설사무소를 그만두고 그때부터 홀가분하게 프리랜서로 일하면서 FX를 즐겁게 하고 있어요. 나의 경우는 FX로 용돈을 벌 정도면 즐겁고 손실을 봐도 웃을 수 있는 범위에서 하고 있어요. 옛날부터 궁색한 티랄지, 시골뜨기라서 땀을 흘리지 않고 큰돈을 벌 수는 없다는 생각이 아주 커요. 그렇기 때문에 돈을 벌어도 그 돈이 물거품 처럼 없어져 버릴 것이라는 생각도 있어서 조촐하게 하는 거죠. 성공할 거라는 것을 아는 시세라고 해도 많이는 사지 않는 식이죠.

Q 카와에이 씨의 '조촐한' 투자를 좀 더 자세히 설명해주세요.

A 하루 3천 엔(3만 원) 벌면 행운이라고 생각하는 것이 기본이에요. 거래는 밤에만 GYAO(인터넷 무료 TV)를 보면서 틈틈이 합니다. 포지션이 있으면 신경이 쓰이기 때문에 자기 전에 모두 청산합니다. 방법은 스캘핑입니다. 적은 이익 폭으로 단시간에 매매를 반복하는 일이 많지요. 1분 캔들 차트를 보면서 5pips나 10pips를 가지고 반복하는 형태로 하고 있어요.

차트분석에는 이동평균선 외에 MACD와 스토캐스틱스와 볼린저밴드를 겹쳐서 봅니다. 다른 투자가들도 대개 이정도의 차트분석을 사용하지 않나요? 모두가 본다는 건 모두들 그것으로 판단하는 거니까 모두가 내려갈 거라고 생각할만한 움직임이 나오면 모두가 팔기 때문에 더 내려갑니다. 모두들 오를 거라고 생각하는 움직임이 나오면 모두가 그것을 보고 오를 거라고 생각하기 때문에 오릅니다. 그런 추세에 거슬러가지 않고 올라타는 것을 기본으로 하고 있어요. 스캘핑이라면 결국 운동신경이 필요할지도 모르겠네요. 지금이다 생각했을 때 바로 클릭하지 않고 망설이고 있으면 절대 안 됩니다. 그리고 순식간에 5pips로 청산해 버립니다. 스왑 계좌도 만들었는데, 지금은 전부 엔저라서 살 통화가 거의 없기 때문에 또 포지션 제로네요.

계좌에 증거금이 100만 엔1000만 원이 있어도 실제 거래에서 사용하는 것은 10만 엔100만 원도 안 될 정도입니다. 그러니까 자금 효율은 좀 나쁜 편이에요. 매매의 랏lot수를 늘리면 이익도 그만큼 증가한다는 걸 머리로는 알고 있지만 역시 조촐하게 하고 말아요. 계속 이렇게 할 작정은 아니지만 올해 들어 시세가 너무 어려워지고 있다고 느껴져서 말이죠. 한결같은 시세가 되면 랏lot을 늘리고 싶은데, 지금은 정말로 어디로 갈지 모르기 때문에 더욱 조촐하게 하는 면이 있네요.

하지만 그 덕분에 다른 사람이 몇 십만 엔씩 손실을 보고 있을 때도 3만 엔만 손실을 보고 웃어 버릴 수 있었다고 생각해요. 나 자신이 활기차게 해서 돈을 버는 이미지는 갖고 있지 않아요. 크게 성공하려고 하면 꼭 질 것 같은 기분이 들어요. 그건 나 자신의 성격이라고 이해하고 있지요.

Q 카와에이 씨에게 FX라는 것은 무엇인가요?

A 음…, 인생의 엔터테인먼트라고나 할까요. 원래 목표 금액이 하루 3천 엔3만 원이라서 손실을 봐도 웃을 수 있는 범위고, 어쨌든 매일 트레이드하는 것이 아주 즐겁습니다. 손실을 보면 싫지만 그래도 즐거워요.

차트의 움직임을 보고 나름대로 추리를 해서 주문을 내고, 주문한 대로 움직이는지 어떤지를 두근거리며 보고 있어요. 게다가 FX는 지적이지 않나요? '나는 전 세계의 환시세를 보고 있다' 같은 거 말이에요. FX를 함으로써 미국의 경제 상황이라든가 주택 시장이라든가 하는 이야기를 할 수 있는 것만으로도 내가 조금은 지적인 사람이 된 것 같은 기분이 들어요. 오늘은 중요한 지표가 발표되는 날이라 금리가 오를 것 같다든지 내릴 것 같다든지 그런 뉴스를 봄으로써 내 시야가 넓어진다는 느낌도 들고 말이죠.

게다가 FX를 함으로써 이렇게 친구도 많이 생겼어요. 보통 주부들과는 돈이야기를 할 수 없어요. 해도 식비가 얼마나 든다든지, 남편 용돈이 얼마인지, 뭐 그런 이야기뿐이죠. 투자에 관한 이야기는 뭔가 수상한 냄새가 나는 것 같고 권유라도 할라치면 다단계인지 무언지 의심 받을지도 몰라요. 그렇지만 FX 동료들과는 때때로 만나서 서로 푸념도 하고 맛있는 음식도 먹고, 그러니까 기운내서 열심히 해보자는 분위기가 됩니다. 'FX 미녀의 모임'에서 맛있는 점심 성찬을 즐기는 것은 사실 대단히 의미가 있다고 생각해요. '잘 안돼서 마우스를 또 던져버렸지 뭐야!' 하는 이야기를 하면서 모두들 왁자지껄 웃으면 원기가 회복되는 느낌이에요. 만약 FX를 하지 않았더라면 일상생활은 더 무미건조했을 것 같아요. 아침에 일어나서 집안일을 하고 이따금 친구를 만나 영양가 없는 이야기를 하거나 쇼핑을 하거나 했겠죠. 그런 의미에서 내게 FX는 인생의 엔터테인먼트인 것 같아요.

Q 카와에이 씨에게는 '즐겁게 한다'는 점이 중요하군요.

A 게다가 트레이드 자체가 즐겁다고 생각하면 대체로 성공해요. 반대로, 오늘은 왠지 기분이 좋지 않다고 생각할 때나 한가하니까 한번 해볼까, 아니면 어제 실패한 걸 오늘은 돌려놔야지 하면 꼭 실패해요. 뭐 실패해도 나의 경우는 귀엽지만요. 흥미롭게도 마음에 여유가 있을 때 하면 판단력도 명석해지는 느낌이 들어요.

Q FX에 흥미를 갖고 있는 사람에게 충고하고 싶은 것이 있나요?

A 지금은 정기예금을 해도 대부분 이자가 붙지 않죠. 또 이제부터 세금도 점점 올라가고 있고…. 그런 와중에 한 집안의 돈을 관리하는 주부로서 뭔가 하지 않으면 안 된다고 생각합니다. 그러나 절약만으로는 한계가 있지 않을까요? 극단적으로 말하자면 절약이라는 게 생활의 레벨을 떨어뜨린다는 생각입니다. 그보다는 하루에 100엔1000원이건 1000엔1만 원이건 돈을 만들어내는 일을 하는 쪽이 낫다고 생각합니다. 흔히 하는 말이지만 '째째함'과 '검소함'은 다릅니다. 검소한 것은 작지만 알찬 전진이며 돈을 만들어내려 노력하는 거죠. 그런 쪽으로 발상을 바꾸지 않으면 주부도 이제부터는 경쟁력이 없지 않을까 생각해요. 그렇기 때문에 FX가 유력한 선택 사항의 하나입니다. 물론 리스크는 있지만, 그것은 레버리지를 낮추거나 반드시 스톱Stop을 넣거나 차트를 공부하거나 여러 가지 방법을 통해 해결할 수 있습니다. 공부는 하지 않으면 안 됩니

다. 노력도 필요합니다. 나도 FX를 엔터테인먼트라고 말하게 되기까지 그 나름대로 땀과 눈물을 흘렸으니까요. 그런 리스크를 갖는 것, 공부하고 노력하는 것을 주부들도 시작해야 하는 시대가 아닐까요?

> **케이스 3. 급료와는 별도로 또 하나의 지갑을 갖는 감각 있는 독신 OL 후지모토 리에 씨(가명)**
>
> 후지모토 씨는 풀타임 회사원, 즉 OL(Office Lady)이다. FX를 시작한 건 좋아하는 것을 사기도 하고 여행도 하기 위한 또 하나의 지갑을 위해서다. 트레이드 시간은 정해져 있지만 자신의 생활 스타일에 잘 녹아들어가 있다.

Q FX를 시작한 계기는 무엇인가요?

A 이전에 주식을 했었는데, 보통의 OL이 준비할 수 있는 금액이란 게 뻔하지 않나요? 그러니 종목을 확실하게 선택하지 않으면 안 되는데, 그렇게 많은 종목 중에서 뭘 선택할지도 큰 일이고 1만 엔(10만 원)의 수익을 내는 데에도 엄청난 시간이 듭니다. 그래서 그다지 재미가 없다고 생각하던 차에 2년 전쯤 FX를 알게 되었어요.

FX라는 단어를 처음 들은 것은 어떤 경제 강좌에서였어요. 강사였던 벤처 증권회사 사장님으로부터 자산운용에는 여러 가지 방법이 있다는 이야기를 들었어요. 그 하나가 FX였죠. 하지만 당시에는 FX가 지금처럼

후지모토씨의 라이프스타일과 FX 방법

라이프스타일

- 풀타임 회사원으로 낮에는 일에 집중.
- 쇼핑과 여행을 말할 수 없이 좋아함.
- 학구파는 아니지만, 경제 등의 공부도 좋아함.

FX 방법

- 매일 아침 출근 전에 그날의 시세 스토리를 생각하고 주문과 청산의 양쪽에 지정가를 넣는다.
- 1일 1만 엔(10만 원)이 목표(월 20만 엔(200만 원)).
- 퇴근하고 돌아와서 어떻게 되었는지 보는 것이 즐거움.
- 밤에는 TV를 보면서 스캘핑.
- 그다지 많이 기대하지 않는 조촐파.

주목받는 투자행태가 아니었고 강사도 초보자가 할 수 있는 투자는 아니라는 식으로 설명했기 때문에 별로 마음에 담아두지 않았어요. 그런데 얼마 후에 친구의 홈파티에 놀러갔을 때 그 친구가 다른 곳에서 FX를 실제로 하는 방법을 배우고 와서는 이런 것이 있다면서 모니터로 보여줬습니다.

그때의 설명은 이것이 매수, 이것이 매도 가격이고 환율에는 높아지고 낮아지고 또 높아지는 흐름이 있으니까 낮아졌을 때 사고 높아졌을 때 파는 거라는 간단한 것이었어요. 정말 그것만 설명했어요. 하지만 어쩐지 해보고 싶었고, 1주일 뒤에는 정말로 시작하고 있었어요. 그게 2005년 6월이죠. 주식을 하고 있었기 때문에 차트는 좀 볼줄 알았고, 우선 싸게 사서 비싸게 팔면 된다는 정도만으로 선뜻 시작한 거예요. 지금 생각하면 정말 오싹하죠. 아무것도 모르는 상태에서 조금 플러스되면 '와, 이제 좀 더 사볼까?' 하다가 팍 떨어지면 '아, 결국 자폭인가?' 하며 플러스 마이너스 제로로 끝내는 경우가 많았습니다. 이렇게는 안 되겠다고 생각하고 조금씩 공부를 하기 시작했는데, 2005년 12월에 엔고가 찾아왔지요. 그때 크게 손실을 본 거예요. 그래서 다음해 초에는 처음부터 차근차근 다시 한번 해보자고 마음먹고 본격적으로 공부를 시작했습니다. 첫 단계로 그때 갖고 있던 계좌가 거래수수료가 상당히 높은 계좌였기 때문에 그것부터 바꿨습니다. 정확히 그 무렵 마유미 씨와도 아는 사이가 되었죠.

Q 어떤 공부를 하셨나요?

A 우선 책을 몇 권 읽으면서 FX의 기본적인 지식을 정리하고 차트 읽는 법에 대해서는 상당히 철저하게 공부했어요. 거기에 다른 사람들은 어떤 식으로 트레이드를 하는지 여기저기 물어보러 다니기도 했어요. FX회사에서 보내오는 뉴스도 매일 모니터했죠. 중요한 경제지표가 발표되는 때는 초보자의 눈에도 확실히 시세가 크게 움직이는 것 같았기 때문에 이에 주목하는 동안 차츰 시세를 알게 되었다는 느낌이 듭니다.

다만 데이트레이드는 차트로 시작해서 차트로 끝나는 듯한 양상이 있기 때문에 오로지 차트에 집중하고 기본적 분석에는 그다지 깊이 들어가지 않았어요.

Q 트레이드 방식은 어떤가요?

A 처음 시작은 100만 엔(1000만 원)이었어요. 그리고 플러스가 되면 처음에 넣은 100만 엔(1000만 원)을 먼저 회수하고, 그 다음에는 번 돈으로 거래를 운용하는 것이 목표였죠.

레버리지는 높여서 효율을 좋게 하는 것이 이상적이지만 역시 무섭지 않나요? 그 부분은 신중하게 밸런스를 판별해가면서 하고 있어요. 풀타임으로 일을 하고 있기 때문에 낮 시간에는 시세를 거의 보지 않아요. 만약 그때 크게 움직여 버리면 어떻게 하나 하는 걱정이 있으니까요.

나는 이른바 박스 시세(가격의 상한과 하한이 일정한 금액 안에서만 움직이는 시세)일 때를 메인으로 한 데이트레이드를 기본으로 하고 있어요. 아침에 차트를 보고 여기까지 오면 반전할 것이라고 할 수 있는 포인트를 찾죠. 거기서 자르면 행운일 것 같은 곳에 지정가를 넣어놓고, 거기서부터 플러스 몇 정도에 리미트Limit를 넣고, 반대로 여기까지 떨어지면 위험하겠다 싶은 곳에 스톱Stop을 넣고 회사에 갑니다. 그리고 회사에서 돌아와서 이익이 나왔으면 행운이고 나오지 않았으면 유감이 되는 거죠. 그 결과를 보는 것도 또한 즐거워요. 차트를 되돌아보면 아쉬울 때도 있습니다. 이렇게 아침에는 지정가 주문만 넣습니다. 절호의 타이밍이라고 생각할 때는 시장가로 주문하지만, 아침부터 차트를 보기 시작하면 꼼짝 않고 앉아 보고 있다가 회사에 갈 수 없게 되니까 별로 보지 않아요.

밤에는 TV를 보면서 스캘핑도 조금 해요. 시세가 어떻게 움직이는지 보고 있는 것도 재미있거든요.

Q '~하면서' 하는 사람이 많은 것 같아요. 모니터만 계속 보고 있으면 시세의 움직임에 일희일비하는 일이 많으니까 그렇겠죠?

A 맞아요. 엄청난 기세로 떨어지면 기회라고 생각하며 기뻐하다가 부탁이니까 제발 멈춰줘 하고 기도도 하게 되죠. 하지만 그 뒤엔 다시 원상태로 되돌아오죠. 밤에는 몇 번 정도 주문하면서 기회가 오면 좋겠구나 하는 정도로 하고 있습니다. 게다가 소심한 편이라서 랏lot수를 크게 하지 않습니다. 그러니까 수익도 조금밖엔 낼 수 없어요. 1회의 트레이드 금액을 좀 더 크게 할 수도 있다고 생각은 하지만, 아직 거기까지는 용기가 없어서, 이후의 문제네요.

Q 목표는 어느 정도 인가요?

A 저는 1개월에 20만 엔200만 원, 월 20일 거래하니까 하루에 1만 엔10만 원을 목표로 하고 있어요. 보통 OL들의 급료 정도네요.

낮 시간에 지정가와 리미트Limit를 잘 클릭하면 5천 엔5만 원쯤 얻기 때문에 밤에 나머지를 채우는 편이에요. 이따금 낮에만 1만 엔10만 원을 따는 경우도 있습니다. 그럴 때는 밤에 마음이 편해요. 거기서 무리하게 하면 반대로 손실을 보는 경우도 있으니까 끈질기게 하지는 않아요. '오늘은 1만 엔10만 원 벌었어.' '오늘은 벌써 플러스로 끝났네.' 이렇게 생각하고 있어요. 사실은 좀 더 하고 싶지만, 어쩐지 욕심을 부리면 나쁜 일이 일어나지 않을까 하는 생각이 들어요. 이것은 제 성격이라 방법이 없어요. 생활이 걸려있다고 할 것까지는 아니라서 성공하면 뭔가 맛있는 것을 먹으러 간다든가 뭔가 사고 싶은 게 있으니까 열심히 한다는 그런 느낌입니다. 기본은 용돈벌기에요. 지금까지의 전리품은 컴퓨터와 욕실 텔레비전이에요. 뭔가 조금씩 형태로 남겨가는 느낌으로 하고 있어요.

Q 후지모토 씨에게 FX는 무엇인가요?

A 나의 경우 FX는 용돈이 나오는 '요술방망이' 에요. 회사원에게 매달 월급은 정해져 있죠. 그러나 FX를 하면 그 달 급료가 2개월분이 되거나 플러스알파를 기대할 수 있는 즐거움이 있어요. 게다가 사고방식도 바뀌었습니다. 언제라도 마음만 먹으면 용돈을 늘릴 수 있다는 기분이 들어요. 그랬더니 오히려 특별히 갖고 싶은 것이 없어져 버렸어요. 사려

고 하면 언제라도 살 수 있으니까 물건에 대한 집착이 없어지게 됐어요. 물론 '저걸 살까?' 하는 것은 있죠. 하지만 딱히 지금이 아니어도 괜찮다는 생각이 들어서 점점 쇼핑을 하는 일이 없어졌어요. 신기하죠.

Q 실패하는 경우도 있을 텐데, 그럴 때는 어떻게 하나요?

A 레버리지를 그다지 높이 하지 않고 있어서 예상이 빗나가도 대체로 극복하는 편이에요. 가만히 인내하고 있으면 대개 적절히 넘길 수 있고, 그 동안에 또 시세를 보지 않는다든지 자리를 피하든지 하죠. 끝났을 땐 '아이고 살았다!' 하면서 얼마 동안은 느긋하게 있습니다. 바로 회복하자고 덤벼들면 다시 돌아오는 따귀를 얻어맞는 터무니없는 일이 생기기 때문에 한 번은 진정하자고 항상 생각하고 있어요.

역시 흥분해 있어서는 안 됩니다. 흥분이 가라앉을 때까지 조금 시간을 두곤 합니다.

Q 직장인들에게 뭔가 조언이 있다면?

A 앞으로의 시대엔 직장인도 회사의 급료와는 별도의 지갑, 별도의 수입원을 갖는 것이 매우 중요하다고 생각합니다. 사실 무슨 일이 벌어질지 모르는 시대죠. 별도의 지갑, 별도의 수입원이 있다면 그러한 때 대비가 되지 않을까요?

나는 회사에서 FX를 하고 있다는 걸 누구에게도 말하지 않았지만 예전과는 태도가 바뀌었는지도 모릅니다. '회사에서 해고되면 어떻게 할까?' '보너스가 깎이면 어떻게 하지?' 하는 걱정이 없어졌고 여러 가지 일에 그다지 동요하지 않게 된 것 같아요. 싫은 상사라도 '난 언제 그만둬도 상관없으니까'라든가 '불쌍하게도 저 사람 역시 집에 돌아가면 부인에게 바가지를 긁히겠지'라는 정도로 생각하고 느긋하게 대하는 것이 가능해졌어요. 그렇게 마음먹으니 지루하던 회사도 재밌어졌습니다.

직장인이라면 밖에서 아르바이트를 할 수도 없고 투잡을 하는 건 체력적으로도 힘들죠. 그런 점에서 FX는 직장인들도 충분히 할 수 있는 돈 버는 방법이 아닐까요? 욕심을 내지 않으면 정말로 적당한 돈이 손에 들어옵니다. 방법에 따라서는 스왑 금리차만으로 매월 집세를 낼 정도는 벌 수 있겠죠. 생활과 마음에 여유를 얻기 위해서도 FX를 해보면 좋을 것입니다.

7장

FX로 행복해지기 위한
마유미식 10가지 법칙

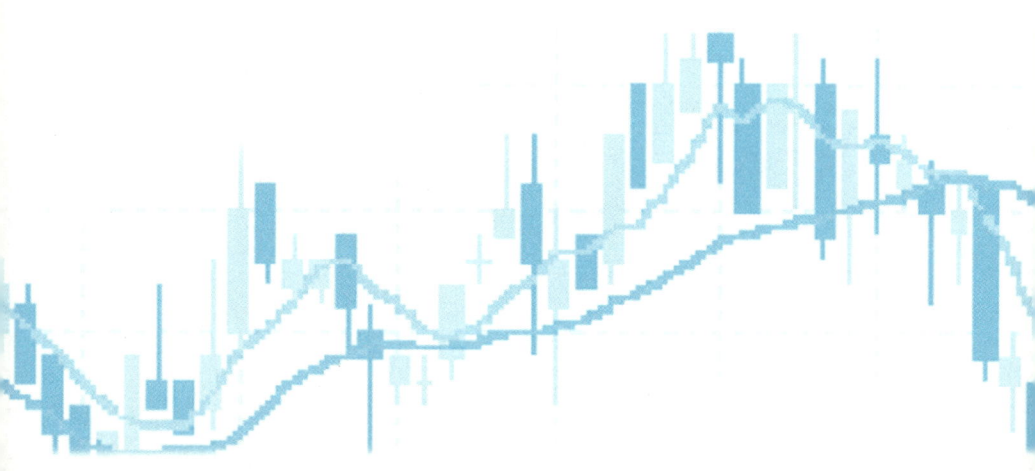

아무리 훌륭한 투자가라도
손실을 경험해보지 않은 투자가는 없다.

마지막으로 FX로 행복해지기 위한 기본법칙을 정리해보자.

당신도 FX에서 새로운 인생의 문을 열어보기 바란다. 평범한 주부인 내게도 가능했던 일이 당신에게 불가능할 리가 없다!

 여유자금을 이용한다

투자는 리스크가 따르는 것. 반드시 여유자금으로 하자. 생활비와 중요한 저축에는 절대로 손대지 말 것. 최악의 경우 없어도 좋다고 생각할 수 있는 금액부터 시작할 것을 추천한다.

 처음에는 작게, 그리고 점점 크게

초보자의 경우 처음에는 최소단위로 거래할 것을 추천한다. 회사에 따라서는 1천 통화 단위(보통은 1만 통화 단위)로 매매 가능한 곳도 있다. 처음에는 조금씩 하면서 나름대로 성공패턴을 확보하는 것이다. 모의거래(데모트레이드)에 익숙해졌다면 다음에는 실제 돈으로 성공이나 실패를 체험하면서 경험치를 올리도록 하자. 최소 단위로 지속적으로 성공하게 되었다면 조금씩 거래량을 늘려가면 된다. 랏lot수를 10배로 하면 이익도 10배! 그렇게 생각하면 크게 버는 것도 결코 어려운 일은 아니다.

법칙 3 자신이 잘하는 패턴을 찾는다

기술적 분석을 잘하는 사람도 있고 기본적 분석을 잘하는 사람도 있다. 거래를 하는 방식에서 여러 패턴이 있지만 중요한 것은 어느 쪽이 옳은 것이냐가 아니라 어느 쪽이 돈을 버느냐이다. 자신의 성격이나 투자 목적에 맞는 패턴인지를 판단하자.

내 경우는 기본적 분석은 잘 못한다. 이것은 어떤 정보를 보았을 때 그 정보가 어떻게 해서 환율의 움직임에 적용되는지를 잘 모른다는 뜻이다. 그런 의미에서 나는 기술적 분석 중심의 트레이드를 하고 있다.

법칙 4 할 때, 안 할 때를 분명히 구분한다

시세의 움직임과 보유하고 있는 포지션이 자꾸 신경 쓰여 컴퓨터 앞을 떠날 수 없다든지 집안일이 손에 잡히지 않는다고 상담하는 사람들이 있다. 나 자신도 트레이드에 신경이 쓰인 나머지 아이가 하는 말에 건성으로 대답하는 적도 있다. 그럴 때 나는 심한 자기혐오에 빠진다. 트레이드보다 아이가 더 중요한데 난 대체 뭘 하고 있나 싶은 것이다. 그래서 속으로 내 나름대로의 원칙을 정해서 그것을 잊지 않도록 유의하고 있다.

절대로 무리하지 않는다. 예를 들면 바쁠 때, 졸릴 때, 술을 마셨을 때는 절대 트레이드에 참여하지 않는다. 반면 막상 트레이드를 할 때는 '나에게는 FX밖에 없어!' '반드시 이긴다!'는 생각으로 거래에 임하는 것이다. 그런 정신적인 측면에 더하여 주문 시점, 거래종료 시점 등에 대한 원칙도 만들었고, 이 원칙들은 작은 종이에 적어 컴퓨터에 붙여놓고 있다.

법칙 5 반드시 거래 기록을 남긴다

트레이드에서 성공하기 위해 투자노트를 쓰는 것은 가장 중요한 포인트 가운데 하나다. 실패했을 때도 반드시 그 거래를 노트에 기록한다. 나중에 다시 읽었을 때 참고가 되는 것은 성공한 거래가 아닌 실패한 거래이다. 노트의 기록을 보면 자신이 얼마나 자주 똑같은 실수를 반복하고 있는지 알 수 있다. 자신이 범하기 쉬운 실수들을 알아두는 것은 성공을 위해 대단히 중요하다. 실패한 거래를 '끝난 것'으로 덮어버리고 만다면 언제까지나 성장할 수 없다.

가장 귀중한 정보는 자신의 경험이라는 것을 잊지 말자. 투자노트는 당신의 경험이 가득 찬 소중한 보물이 될 것이다! 매일 매일 자신에게 가능한 것, 보이는 것을 조금씩이라도 해나가는 것이 중요하다. 누구라도 단번에 능숙해질 수는 없기 때문이다.

법칙 6. '~라면' '~할 수 있다면' 식의 승부사가 되지 말자

트레이드를 하다보면 손절매한 후 시세가 다시 돌아오거나 이익을 확정한 후 시세가 더욱 오르거나 하는 경우가 자주 있다. 그럴 때마다 일희일비하면 피곤해진다. 아무리 훌륭한 투자가라 해도 손실을 경험하지 않은 투자가란 없다. 투자를 하는 경우 누구나 손실을 보는 아픔을 경험하는 법이다. 실패를 검증하여 같은 실수를 반복하지 않도록 하는 것은 중요하다. 하지만 '그때 사두었더라면…' '거기서 손절매를 할 수 있었다면…' 하고 실패와 손실에 집착하는 것은 그만두도록 하자.

법칙 7. 겸허한 자세를 잊지 않는다

시장에 참가하고 있는 사람은 나처럼 주부나 샐러리맨도 있지만 전문적인 연구와 경험을 쌓은 프로도 있다. 요컨대 주부든 샐러리맨이든 같은 링에서 프로와 싸우지 않으면 안 된다. 이것은 가령 성공했다고 해도 그것이 반드시 자신의 실력이라고 말할 수는 없다는 것이다. 매월 수백만 엔을 벌고 있는 내 친구는 항상 '나처럼 주부가 돈을 벌 수 있게 해주는 시장에 정말로 감사하고 있다'고 말한다. 수백만 엔을 벌어도 사치스럽지 않고 겸허한 태도를 계속 유지하는 것이 중요하다는 것을 그녀로부터 배웠다.

 남에게 의존하지 않고 자신의 머리로 생각한다

생각보다 이익을 올릴 수 없을 때, 당신은 그날 본 평론가의 해설을 탓하거나 시장에 원인이 있지 않을까 하는 결론을 내릴지도 모른다. 하지만 사실 잘 되지 않는 원인은 거의 90%가 자기 자신에게 있다. 스스로가 바뀌지 않으면 결과를 바꾸는 것은 불가능하다. 자신의 방법을 얼마나 개선할 수 있는지, 곤란한 상황으로부터 무엇을 배울 수 있는지가 성공하기 위한 하나의 열쇠다. 즉 잘 되지 않을 때가 오히려 스스로가 성장할 수 있는 기회인 것이다!

인터넷상에는 여러 가지 정보가 넘쳐나고 있지만, 다른 이들에게 의지하고 답을 구걸한다면 결코 성장할 수 없다. 타인에게 의존하고 타인에게서 답을 찾는 방식은 돈을 벌지 못하는 사람들의 방식이라고 들은 적이 있다. 정보를 정확하게 파악하지 않고서 어떻게 활용할 수 있겠는가? 그것을 어떻게 수익에 연결시킬 수 있겠는가?

자기 자신에게 질문하고 스스로 생각해보도록 하자. 중요한 것은 자기 머리로 생각하고 공부해서 자기만의 방법을 만들어 내는 것이다. 세상에 넘쳐나는 투자정보를 그대로 흘려보내지 말자.

법칙 9 FX 동료를 만든다

　투자 자체는 자기 책임으로 하는 고독한 싸움이다. 트레이드 실력은 저마다 스스로 연마하지 않으면 안 된다. 돈에 대해서는 아무리 친한 친구라도 좀처럼 속내를 이야기하기 어려운 법이다. 특히 투자를 한 적이 없는 사람들이 보면 당신은 편하게 일확천금을 노리는 '한심한 자'로 오해받는 수도 있다. 그럴 때 기분전환을 도모하고 정보를 교환할 수 있는 동료가 있다면 정신적으로 큰 도움을 받을 수 있다. 혼자가 아닌 기분, 향상심을 갖고 함께 노력하는 동료의 존재는 매우 큰 것이다.

　나는 'FX 미녀의 모임'과 함께 '아이를 기르는 엄마들의 FX'라는 커뮤니티를 운영하고 있다. 그런 자리에서, 혹은 매일 도착하는 메일들 속에서 지금까지 많은 사람들이 겪었던 다양한 이야기들을 보고 들었다. 그런 생생한 목소리들을 들을 때마다 나의 투자는 발전해가는 것처럼 생각되었다. 그렇다. 다른 이의 실천을 보고 듣는다는 것은 자신의 발전과도 관련되는 것이다!

　타인의 가지각색의 경험이 자신의 경험에 플러스되면 자기 혼자만의 지식과 경험 이상으로 성장하고 동기부여가 되어 성취도 역시 높인다고 생각한다. 함께 노력하는 동료는 당신에게도 귀중한 존재가 될 것이다.

법칙 10 '행복의 상승 곡선'을 목표한다

　FX에서 번 돈을 모두 재투자해서 운용하는 방법도 있다. 확실히 그것이 효율적으로 자금을 늘릴 수 있는 방법이다(반대로 손실이 늘어날 가능성도 있다). 그러나 나는 매월 돈의 일부를 인출해서 자기 자신에게 투자할 것을 추천한다. 미용과 네일살롱, 스포츠클럽, 세미나, 여행 등 자신의 건강과 아름다움을 위해 돈을 쓰는 것은 대단히 좋은 일이다. 사람은 자신을 연마하면 할수록 스스로에게 자신감을 가질 수 있게 된다. 그러면 지금까지 불가능했던 것에 도전해보려고 하는 긍정적인 마음과 활력이 생기고, 그 결과 새로운 만남과 행운도 불러들이게 되는 것이다.

> FX로 돈을 번다 ⇨ 자기 자신을 위해 이익의 일부를 투자한다 ⇨ 자신감이 높아진다 ⇨ 적극적인 사고와 활력이 생긴다 ⇨ 새로운 만남과 행운이 찾아온다

　나는 이것을 '행복의 상승 곡선'이라고 부른다.
　FX로 돈을 버는 것은 물론 중요다. 하지만 더 중요한 것은 그것을 통해 행복한 인생을 만드는 것이다. 그것이 궁극적 목적인 것이다.

저자 후기

투자 초보자인 내가 FX를 시작하고 1년 반 정도 지났다. 시작할 때와는 방법도 바뀌고 의식도 많이 변했지만 나 자신의 스타일이 정착되기 전까지는 솔직히 '나에게는 트레이드 감각이 없는 게 아닐까?' 하는 불안함에 억눌려 무너질 것 같았던 적도 있다. 지금도 여전히 손실을 보면 낙담하게 되어 차트를 보는 것도 싫어지는 경우가 있다.

하지만 나는 단언한다. 투자에는 꿈과 희망이 있다. 어떤 능력도 없는 전업주부였던 나에게 육아를 하면서 월 100만 엔1000만 원이나 벌 수 있는 기회를 주지 않았는가!

그리고 주목해야 할 것은 돈을 버는 것 자체가 아니라 그것에 따라 찾아오는 변화와 여유이다. 나는 FX를 시작할 때까지 경제에 관해 전혀 흥미가 없었다. 그런데 FX 덕분에 지금까지는 거들떠보지도 않았던 것에 흥미가 생겼고 여러 가지 일들에 대해 나름대로 생각하게 되었다. 나날이 성장하고 있는 자신을 느낄 수 있는 것은 아주 기쁜 일이다. 또한 FX를 하지 않았더라면 만나지 못했을 멋진 친구와 동료들을 만났다. 그런 사람들과의 만남이 굉장한 기회를 가져왔다. '재정적 능력' '자신감' '여유' '자기성장' '친구와 동료' '기회' 등, 정말로 FX는 그렇게 많은 것을 나에게 가져다주었다.

앞으로의 시대에는 전업주부라도 '투자마인드'를 가질 필요가 있다고 생각한다. TV와 잡지 등에서 초인적으로 절약정신을 발휘하는 주부를 소개하는 일이 있다. 물론 절약은 매우 중요하다. 확실히 식비와 광열비 등을 절약해서 수만 엔을 짜낼 수는 있을 것이다. 그러나 온 힘을 다해 절약하는 생활을 하느라 자신에 대한 투자를 자기 손으로 봉쇄해 버리는 것은 너무나 안타까운 일이 아닌가. 그런 절약 주부의 대다수는 일을 한다든지 투자를 배운다든지 돈을 늘린다든지 하는 발상이 아예 없다.

투자 마인드의 원칙은 돈을 투입해서 수익을 얻는다는 것이다. 누군가와 만난다. 뭔가를 배우기 위해 학교에 다닌다. 세미나에 참가한다. 책을 산다. 미용실에 간다. 확실히 모두 돈이 들어가는 일이지만, 돈을 쓰는 아픔 없이 돈을 벌 수 있는 일은 유감이지만 거의 없지 않은가?

육아와 가정생활을 하면서도 돈을 벌 수 있고 집에 있으면서도 수입을 올릴 수 있는 길을 모색하는 사람들에게 FX는 매우 매력적인 투자 방식이다(물론 리스크는 있다). 여성의 경제적 자립을 위한 수단으로서도 도전할 가치가 있다.

지금 아무리 훌륭한 사람이라도 처음에는 맨땅에서 초보자로 시작했다. 한 발을 내딛지 못하면 영원히 초보자인 것이다. 이 책이 당신의 투자마인드를 자극하는 계기가 되기를 기원한다.

마지막으로 언제나 나를 지지하며 도와준 가족들과 끝까지 읽어주신 여러분에게도 마음 가득 감사의 뜻을 전한다.

토리이 마유미

옮긴이 이은숙

숙명여자대학교 경제학과 대학원 박사과정에 있다.
현재 한신대학교 강사.

감수 이재호

외환은행 자금운용관리부 팀장.

누구나 FX로 월 1000만 원 벌 수 있는 투자 비법

1판 1쇄 인쇄 2008년 11월 15일
1판 1쇄 발행 2008년 11월 21일

지 은 이 토리이 마유미
옮 긴 이 이은숙
펴 낸 이 정정란

책임편집 정휘규
디자인팀 문홍진
영 업 부 권태형 김용호 정성용
기획위원 김택규

펴 낸 곳 도서출판 황매
출판등록 2002년 11월 15일
주   소 (121-828)서울시 마포구 상수동 95-3
전   화 335-4179(편집부) 335-4121, 4131(영업부 외)
팩   스 335-4158

대표메일 hmbooks@hanmail.net

I S B N 978-89-91312-96-8 03320

값 12000원